清史稿

趙爾巽等撰

第二一册

卷一七四至卷一七七（表）

中華書局

清史稿卷一百七十四

表十四

大學士年表一

清大學士，沿明舊名，例稱政府，實則國初有議政處以掣其柄，雍正以後，承旨寄信有軍機處，內閣宰輔，名存而已。新唐、元史表宰相者，備列三公。清大學士滿、漢兩途，勳高位極，乃以相授。內閣實權，遠不逮明。然其品列，皆首文班。任軍機者，自親王外，其領袖者必大學士，唐、元三公尚不及也。

年分	大學士	協辦
崇德元年 丙子	剛林 五月 授內國史院大學士。 范文程 五月，授內秘書院大學士。	

	希福 五月，授內弘文院大學士。 鮑承先 五月，授內秘書院大學士。	
崇德二年 丁丑	剛林 范文程 希福 鮑承先	
崇德三年 戊寅	剛林 范文程 希福 鮑承先 七月，改吏部右參政。	
崇德四年 己卯	剛林 范文程 希福	
崇德五年	剛林	

年份	大學士	
庚辰	范文程 希福	
崇德六年 辛巳	剛林 范文程 希福	
崇德七年 壬午	剛林 范文程 希福	
崇德八年 癸未	剛林 范文程 希福	
順治元年 甲申	范文程 元年八月辛酉，革。 希福 剛林	

寧完我

馮銓 五月辛丑，以書徵。

洪承疇 六月丁巳，仍以太子太保兼副都御史，同內院官佐理機務，爲內秘書院大學士。

謝陞 八月壬午，召入內院。

順治二年

乙酉

范文程

剛林

寧完我

馮銓

洪承疇 閏六月，招撫南方，總督軍務。

謝陞 正月癸卯，卒。

祁充格 二月己巳，爲內弘文院大學士。

李建泰 故明文淵閣大學士。三月庚子，

年份	大學士	
	陛見，慰諭。之十二月丙午，革。	
順治三年 丙戌	范文程 剛林 寧完我 馮銓 洪承疇 祁充格 宋權正月戊辰，爲內翰林國史院大學士。	
順治四年 丁亥	范文程 剛林 寧完我 馮銓 洪承疇十月，命回內院。 祁充格	

年	大學士
	宋權
順治五年戊子	范文程 剛林 寧完我 馮銓 洪承疇 祁充格 宋權
順治六年己丑	范文程 剛林 寧完我 馮銓 洪承疇 加少傅兼太子太傅。 祁充格

	順治七年庚寅	順治八年辛卯
宋權	范文程 剛林 寧完我 馮銓 洪承疇 祁充格 宋權	范文程　閏二月乙亥，革留。 剛林　閏二月乙亥，坐與睿王謀逆，棄市。 寧完我　三月己丑，轉內國史院大學士。 馮銓　閏二月乙丑，致仕。 洪承疇　閏二月戊辰，管左都御史事。 祁充格　閏二月乙亥，坐與睿王謀逆，棄

市。

宋權

希福 三月己丑，爲內弘文院大學士。

陳泰 三月己丑，爲內國史院大學士。七月戊子，革。

雅泰 七月戊子，爲內國史院大學士。十月，卒。

陳名夏 七月己亥，爲內翰林弘文院大學士。

額色黑 十月丁巳，爲內翰林國史院大學士。

順治九年 壬辰

范文程

寧完我

洪承疇 五月母憂，仍入直。

宋權 致仕。六月壬子，卒。

	順治十年癸巳
希福十一月，卒。 陳名夏 額色黑 陳之遴二月辛酉，爲內翰林弘文院大學士。	范文程 寧完我 洪承疇正月丁丑，調內翰林弘文院大學士。五月乙酉，升太保兼太子太師、內國史院、經略湖廣、廣東、廣西、雲南、貴州。 陳名夏正月丁丑，調內翰林秘書院大學士。二月丁未，署吏部尙書。 額色黑

陳之遴　二月丁未，仍以太子太保調戶部尚書。

高爾儼　仍以太子太保爲內翰林弘文院大學士。三月戊子，疾假。六月丁酉，病休。

馮銓　三月癸巳，仍以弘文院大學士原官。

圖海　四月丁未，爲內翰林弘文院大學士。

成克鞏　閏六月丙寅，爲內翰林秘書院大學士。

張端　閏六月丙寅，爲內翰林國史院大學士。

劉正宗　閏六月丙寅，爲內翰林弘文院大學士。十一月丙辰，加太子太保管吏部尚書。

呂宮 十二月，爲內翰林弘文院大學士。

順治十一年甲午

范文程 八月壬午，加少保兼太子太保。九月己丑，太傅兼太子太師。病解。

寧完我 八月壬午，加太子太保。

洪承疇

陳名夏 三月辛丑，棄市。

額色黑 八月壬午，加太子太保。

馮銓 五月乙巳，降三級。

圖海

成克鞏 五月乙巳，降二級。

張端 予告。六月，卒。

劉正宗

順治十二年 乙未

呂宮 五月乙巳，降二級。

金之俊 二月丙寅，爲內翰林國史院大學士。

蔣赫德 三月庚寅，爲內翰林國史院大學士。

王永吉 四月丁亥，爲內翰林秘書院大學士。八月甲戌，革調。

党崇雅 五月丙午，爲內翰林國史院大學士。

傅以漸 八月庚辰，爲內翰林秘書院大學士。

寧完我 二月辛酉，加少保兼太子太保。

洪承疇

額色黑

馮銓　四月乙卯，加少師兼太子太師。

圖海　二月辛酉，加太子太保。

成克鞏　二月辛酉，加太子太保。

劉正宗　四月乙卯，加少保兼太子太保。

金之俊　四月乙卯，加少傅兼太子太傅。

蔣赫德　二月辛酉，加太子太保。

党崇雅　二月丁巳，加太保兼太子太傅。病免。

傅以漸　二月辛酉，加太子太保。

呂宮　二月辛酉，加太子太保。二月壬戌，以太子太保病解。

巴哈納　二月辛酉，加太保兼太子太保。五月庚子，爲內翰林弘文院大學士。

車克　二月辛酉，加少保兼太子太保。

陳之遴 二月庚辰，爲內翰林弘文院大學士。四月乙卯，加少保兼太子太保。

王永吉 二月庚辰，爲內翰林國史院大學士。

順治十三年 丙申

寧完我

洪承疇

額色黑

馮銓 二月己卯，加太保兼太子太師致仕。

圖海

成克鞏

劉正宗

金之俊

蔣赫德

	順治十四年 丁酉
傅以漸 車克 六月辛巳，兼管戶部尚書事。 陳之遴 三月乙未革，以原官發往盛京。十月癸卯，著回京入旗。 王永吉 巴哈納	寧完我 洪承疇 額色黑 圖海 成克鞏 劉正宗 金之俊 蔣赫德

順治十五年戊戌

九月辛丑，內三院改中和、保和、文華、武英、東閣、文淵大學士。

傅以漸

車克

王永吉

巴哈納

寧完我　九月己未，以原銜少傅兼太子太傅、大學士致仕。

洪承疇　九月甲寅，改爲武英殿大學士，兼管兵部尚書。

額色黑　九月甲寅，改爲保和殿大學士，兼管戶部尚書。

圖海

成克鞏　九月甲寅，改爲保和殿大學士，兼管戶部尚書。

劉正宗　九月甲寅，改爲文華殿大學士，兼管禮部尚書。

金之俊 九月甲寅，改爲中和殿大學士，兼管吏部尚書。

蔣赫德 九月甲寅，改爲文華殿大學士，兼管禮部尚書。

傅以漸 九月甲寅，改爲武英殿大學士，兼管兵部。

車克

王永吉 四月辛卯，降五級調用。

巴哈納 九月甲寅，改爲中和殿大學士，兼管吏部尚書。

胡世安 五月癸亥，爲内院大學士。九月甲寅，改爲武英殿大學士，兼管兵部尚書。

衞周祚 五月癸亥，爲内院大學士。九月甲寅，改爲文淵閣大學士，兼管刑部尚書。

順治十六年
己亥

李霨 五月癸亥，爲內院大學士。九月甲寅，改爲東閣大學士，兼管工部尚書。

洪承疇
雅泰
額色黑
圖海
成克鞏
劉正宗
金之俊
蔣赫德
傅以漸
車克
巴哈納

順治十七年
庚子

胡世安　閏三月壬戌，病假。

衛周祚

李霨　五月癸酉，降四級調用。九月壬申，寬免，照舊辦事。

馮銓　二月丙戌，仍以原銜改兼中和殿大學士。

洪承疇

雅泰

額色黑

圖海

成克鞏　六月己亥，革。十一月辛酉，仍留原任。

劉正宗　六月己亥，革吏部。十一月辛酉，革。

金之俊

蔣赫德 二月病解，病痊起用。

傅以漸

車克

巴哈納

胡世安

衞周祚

李霨

馮銓

順治十八年

辛丑 六月丁酉，仍復舊制，設內秘書院、國史院、弘文院。

洪承疇 四月丙午，致仕。

雅泰

額色黑 七月己酉，爲內國史院大學士。

九月，卒。

圖海

成克鞏　七月己酉，爲內國史院大學士。
金之俊　七月己酉，爲內秘書院大學士。
蔣赫德　七月己酉，爲內弘文院大學士。
傅以漸　六月癸巳，病休。
車克　閏七月庚辰，調吏部尚書。
巴哈納　七月己酉，爲內秘書院大學士。
胡世安　七月己酉，爲內秘書院大學士。十一月壬午，以原官加少師兼太子太師病休。
衞周祚　七月己酉，爲內國史院大學士。
李霨　七月己酉，爲內弘文院大學士。
馮銓
覺羅伊圖　七月辛酉，爲內弘文院大學士。
蘇納海　九月癸未，爲內國史院大學士。

年份	大學士	
康熙元年壬寅	成克鞏 十月壬寅，遷內秘書院大學士。 金之俊 八月辛丑，以原官休。 蔣赫德 巴哈納 衞周祚 李霨 覺羅伊圖 蘇納海 車克 七月壬寅，爲內秘書院大學士。	
康熙二年癸卯	成克鞏 四月甲寅，病免。 蔣赫德 三月癸未，遷內國史院大學士。 巴哈納 衞周祚 七月丁亥，予假。 李霨	

康熙三年甲辰	
	覺羅伊圖
	蘇納海
	車克
	孫廷銓五月丙子，爲內秘書院大學士。

康熙三年 甲辰
蔣赫德
巴哈納
衛周祚
李霨
覺羅伊圖
蘇納海
車克
孫廷銓十一月甲午，病免。
巴泰六月甲午，爲內國史院大學士。
魏裔介十一月丁未，爲內秘書院大學

年	大學士	
	士。	
康熙四年乙巳	蔣赫德 巴哈納 衞周祚 六月戊戌，假滿，召。 李霨 覺羅伊圖 蘇納海 車克 孫廷銓 巴泰 魏裔介	
康熙五年丙午	蔣赫德 巴哈納 衞周祚	

李霨
覺羅伊圖
蘇納海　十二月甲申，革。丙寅，處絞。
車克
孫廷銓
巴泰
魏裔介

康熙六年
丁未

蔣赫德
巴哈納
衞周祚
李霨
覺羅伊圖
車克　致仕。
孫廷銓

	康熙七年 戊申
巴泰 魏裔介 班布爾善 正月丁卯，爲內秘書院大學士。 圖海 正月丁卯，爲內弘文院大學士。	蔣赫德 巴哈納 衞周祚 李霨 覺羅伊圖 孫廷銓 巴泰 二月己卯，疾解，以原官休致。 魏裔介 班布爾善

圖海

對喀納　九月癸卯，爲內國史院大學士。

康熙八年
己酉

蔣赫德

巴哈納

衞周祚　四月丙寅，病免。

李霨

覺羅伊圖

孫廷銓

魏裔介

班布爾善

圖海

巴泰　五月乙未，爲內秘書院大學士。

對喀納　七月乙未，加太子太保管刑部尚書事。

杜立德 四月癸酉，爲內國史院大學士。

索額圖 八月甲申，爲內國史院大學士。

康熙九年

庚戌 八月乙未，內三院改爲內閣。

蔣赫德 九月，卒。

巴哈納

李霨 十月甲午，爲保和殿大學士，兼戶部尚書事。

覺羅伊圖

孫廷銓

圖海 十月甲午，爲中和殿大學士，兼禮部尚書事。

巴泰 十月甲午，爲中和殿大學士，兼禮部尚書事。

對喀納 十月甲午，爲文華殿大學士，管刑部尚書事。

	康熙十年 辛亥	康熙十一年
杜立德 十月甲午，爲保和殿大學士，兼禮部尚書事。 索額圖 十月甲午，爲保和殿大學士，兼戶部尚書事。 魏裔介 十一月壬午，爲保和殿大學士。	李霨 圖海 巴泰 對喀納 杜立德 索額圖 魏裔介 正月戊寅，病免。 馮溥 二月丁酉，爲文華殿大學士。	李霨

年份	大學士	
壬子	圖海 巴泰 對喀納 杜立德 索額圖 馮溥 衞周祚 四月壬寅，召入閣。六月壬寅，爲保和殿大學士。十二月丁卯，以原官致仕。	
康熙十二年癸丑	李霨 圖海 巴泰 對喀納 杜立德	

	索額圖 馮溥	
康熙十三年 甲寅	李霨 圖海 巴泰 對喀納 杜立德 索額圖 馮溥 莫洛　二月辛酉，爲武英殿大學士，仍以刑部尚書管兵部事，經略陝西。十二月癸巳，兵變，死之。	
康熙十四年 乙卯	李霨 圖海　三月丁亥，爲副將軍，征察哈爾。	

	康熙十五年丙辰
閏五月癸卯，凱旋。 巴泰 三月戊子，仍以原銜入閣辦事。 對喀納 九月乙巳，祭葬。 杜立德 索額圖 馮溥 熊賜履 三月戊子，爲武英殿大學士。	李霨 圖海 八月乙亥，封三等公。 巴泰 杜立德 索額圖 馮溥 熊賜履 七月甲午，革。

年	大學士	
康熙十六年 丁巳	李霨 圖海 巴泰　七月甲辰，致仕。 杜立德 索額圖 馮溥 明珠　七月甲辰，爲武英殿大學士。 勒德洪　七月甲辰，爲武英殿大學士。	
康熙十七年 戊午	李霨 圖海 杜立德 索額圖 馮溥 明珠	

年	大學士	
	勒德洪	
康熙十八年己未	李霨 圖海 杜立德 索額圖 馮溥 明珠 勒德洪	
康熙十九年庚申	李霨 圖海 杜立德 索額圖 八月戊寅，病免。 馮溥 明珠	

年	大學士	
	勒德洪	
康熙二十年　辛酉	李霨 圖海　十二月戊戌，卒。 杜立德 馮溥 明珠 勒德洪	
康熙二十一年　壬戌	李霨 杜立德　五月己未，病解。 馮溥　六月甲辰，以原官致仕。 明珠 勒德洪 王熙　五月戊辰，爲保和殿大學士。 黃機　十月己丑，爲文華殿大學士。	

年	大學士
康熙二十二年癸亥	吳正治十月己丑，爲武英殿大學士。李霨 明珠 勒德洪 王熙 黃機 吳正治
康熙二十三年甲子	李霨八月甲寅，卒。明珠 勒德洪 王熙 黃機二月己未，病休。吳正治 宋德宜七月乙亥，爲文華殿大學士。

年	大學士
康熙二十四年 乙丑	明珠 勒德洪　十月丙申，削去太子太傅，降一級留任。 王熙 吳正治 宋德宜
康熙二十五年 丙寅	明珠　四月壬寅，加太子太師。 勒德洪　四月壬寅，加太子太傅。 王熙　四月壬寅，加太子太傅。 吳正治　四月壬寅，加太子太傅。 宋德宜　四月壬寅，加太子太傅。
康熙二十六年 丁卯	明珠 勒德洪 王熙

	吳正治正月乙巳，休。 宋德宜七月，卒。 余國柱二月甲寅，爲武英殿大學士。 李之芳八月壬午，爲文華殿大學士。	
康熙二十七年戊辰	明珠正月己酉，革。 勒德洪正月己酉，革。 王熙 余國柱正月己酉，革。 李之芳正月己酉，休致。 梁清標正月甲寅，爲保和殿大學士。 伊桑阿正月甲寅，爲文華殿大學士。	
康熙二十八年己巳	王熙 梁清標 伊桑阿	

年	大學士	
	阿蘭泰 五月乙巳，爲武英殿大學士。 徐元文 五月乙巳，爲文華殿大學士。戊申，兼管翰林院掌院學士事。	
康熙二十九年庚午	王熙 梁清標 伊桑阿 阿蘭泰 徐元文 六月癸酉，休致。 張玉書 六月己酉，爲文華殿大學士，兼戶部尚書。	
康熙三十年辛未	王熙 梁清標 九月，卒。 伊桑阿 阿蘭泰	

	張玉書	
康熙三十一年 壬申	王熙 伊桑阿 阿蘭泰 張玉書 李天馥 十月己卯，爲武英殿大學士。	
康熙三十二年 癸酉	王熙 伊桑阿 阿蘭泰 張玉書 李天馥 六月己丑，憂。	
康熙三十三年 甲戌	王熙 伊桑阿 阿蘭泰	

年份	大學士	
	張玉書 李天馥	
康熙三十四年 乙亥	王熙 伊桑阿 阿蘭泰 張玉書 李天馥十一月庚午，命入閣辦事。	
康熙三十五年 丙子	王熙 伊桑阿 阿蘭泰 張玉書 李天馥	
康熙三十六年 丁丑	王熙 伊桑阿	

年	大學士	
	阿蘭泰 張玉書 李天馥	
康熙三十七年戊寅	王熙 伊桑阿 阿蘭泰 張玉書六月戊辰，丁憂回籍。 李天馥 吳琠七月癸酉，爲保和殿大學士。	
康熙三十八年己卯	王熙 伊桑阿 阿蘭泰九月戊午，卒。 李天馥十月己卯，卒。 吳琠	

（續上年）	康熙三十九年庚辰	康熙四十年辛巳
馬齊十一月己亥，爲武英殿大學士。 佛倫十一月己亥，爲文淵閣大學士。 熊賜履十一月己亥，爲東閣大學士。 張英十一月己亥，爲文華殿大學士。	王熙 伊桑阿 吳琠 馬齊 佛倫三月丙申，致仕。 熊賜履 張英	王熙九月庚戌，致仕。癸丑，加少傅。 伊桑阿 吳琠

年	大學士
	馬齊 熊賜履 張英 十月癸酉，以原官致仕。 張玉書 十月己未，召。
康熙四十一年 壬午	伊桑阿 十一月丙寅，致仕。 吳琠 馬齊 席哈納 九月己巳，自禮部尚書爲文淵閣大學士。 熊賜履 張玉書
康熙四十二年 癸未	吳琠 馬齊 席哈納

年份	大學士	
	熊賜履四月丁亥，病免。 張玉書 陳廷敬四月丙申，爲文淵閣大學士，兼吏部尚書。	
康熙四十三年 甲申	吳琠 馬齊 席哈納 張玉書 陳廷敬	
康熙四十四年 乙酉	吳琠五月己卯，祭葬。 馬齊 席哈納 張玉書 陳廷敬	

年份	大學士	
	李光地 十一月己巳，自吏部尚書兼管直隸巡撫，爲文淵閣大學士。	
康熙四十五年 丙戌	馬齊 席哈納 張玉書 陳廷敬 李光地	
康熙四十六年 丁亥	馬齊 席哈納 張玉書 陳廷敬 李光地 溫達 十二月丙戌，爲文華殿大學士，兼吏部尚書。	

年	大學士	
康熙四十七年戊子	馬齊 席哈納正月癸酉，致仕。 張玉書 陳廷敬 李光地 溫達	
康熙四十八年己丑	馬齊正月甲午，革。 張玉書 陳廷敬 李光地 溫達	
康熙四十九年庚辰	張玉書 陳廷敬十一月庚子，致仕。 李光地	

	溫達 蕭永藻十一月乙巳，爲文華殿大學士。	
康熙五十年 辛卯	張玉書五月丙午，卒。 李光地五月，患病，陳廷敬暫銜門辦事。 溫達 蕭永藻 陳廷敬五月丙辰，起。	
康熙五十一年 壬辰	溫達 陳廷敬四月，卒。 李光地 蕭永藻 嵩祝四月乙亥，爲文華殿大學士，兼禮部尚書。 王掞四月乙亥，爲文淵閣大學士，兼禮	

年	大學士	
	部尚書。	
康熙五十二年癸巳	溫達 李光地 蕭永藻 嵩祝 王掞	
康熙五十三年甲午	溫達　正月甲子，以原官致仕。十二月己巳，著仍在大學士任辦事。 李光地 蕭永藻 嵩祝 王掞	
康熙五十四年乙未	李光地　七月甲午，給假二年，仍來京辦事。	

	康熙五十五年丙申	康熙五十六年丁酉
溫達 蕭永藻 嵩祝 王掞	李光地假。 溫達五月，卒。 蕭永藻六月己丑，革留。 嵩祝 王掞 馬齊五月辛酉，爲武英殿大學士。	馬齊 李光地假。 蕭永藻 嵩祝

年	大學士	
	王掞	
康熙五十七年戊戌	馬齊 李光地　六月己丑，卒。 蕭永藻 嵩祝 王掞 王頊齡　九月丙戌，爲武英殿大學士，兼工部尚書。	
康熙五十八年己亥	馬齊 蕭永藻 嵩祝 王掞 王頊齡	
康熙五十九年	馬齊	

庚子	蕭永藻 嵩祝 王掞 王頊齡	
康熙六十年 辛丑	馬齊 蕭永藻 嵩祝 王掞 王頊齡	
康熙六十一年 壬寅	馬齊 十二月乙亥，加太子太傅。 蕭永藻 十二月癸亥，加太子太傅銜。 嵩祝 十二月乙亥，加太子太傅。 王掞 王頊齡	

年	大學士	署大學士
	白潢 十二月己巳，爲文華殿大學士，兼兵部尚書。 富寧安 十二月甲子，爲武英殿大學士，兼吏部尚書。	
雍正元年 癸卯	馬齊 蕭永藻 嵩祝 王掞 正月乙巳，病免。 王頊齡 五月壬午，加太子太傅。 白潢 富寧安 張鵬翮 二月壬子，爲文華殿大學士，兼吏部尚書。	徐元夢 五月丁酉，署大學士。
雍正二年	馬齊	徐元夢

甲辰	王頊齡 白潢 富寧安 張鵬翮	田從典六月癸未，協理大學士。
雍正三年 乙巳	馬齊 王頊齡八月乙亥，卒。 白潢七月壬子，病免。 富寧安 張鵬翮二月辛卯，卒。 高其位七月壬子，爲文淵閣大學士。 朱軾九月甲寅，爲文華殿大學士，仍管吏部尚書事。 田從典四月辛卯，爲文華殿大學士。	徐元夢 田從典四月辛卯，遷。 張廷玉四月，署大學士。
雍正四年	馬齊	徐元夢八月，革。

年	大學士	協辦／署
丙午	富寧安 十一月壬子，封三等侯，世襲。 田從典 高其位 十一月己亥，以原官致仕。 朱軾 九月癸丑，丁憂，著素服，仍在內閣辦事。 張廷玉 二月辛卯，爲文淵閣大學士。	張廷玉 二月辛卯，遷。
雍正五年 丁未	馬齊 富寧安 四月丁亥，加太子太傅。 田從典 朱軾 張廷玉 十月戊戌，爲文華殿大學士，仍管戶部尚書、翰林院學士事。 孫柱 九月丙寅，爲文淵閣大學士。	孫柱 正月乙巳，署大學士。九月丙寅，遷。
雍正六年	馬齊	尹泰 正月丁巳，爲額外大學士。

戊申	富寧安 五月丁卯，革去世職。七月壬午，卒。 田從典 三月丁巳，加太子太師，老休。 朱軾 張廷玉 三月辛酉，爲保和殿大學士。 孫柱 蔣廷錫 三月戊午，爲文淵閣大學士，兼戶部尚書。 馬爾賽 八月乙酉，爲武英殿大學士。	陳元龍 正月丁巳，爲額外大學士。
雍正七年 己酉	馬齊 朱軾 張廷玉 十月戊辰，加少保。 孫柱 蔣廷錫 十月戊辰，加太子太傅。 馬爾賽	

	陳元龍正月癸酉，爲文淵閣大學士，兼禮部尚書。 尹泰正月癸酉，爲東閣大學士，兼兵部尚書。	
雍正八年 庚戌	馬齊十一月癸亥，兼管兵部尚書。 朱軾十一月癸亥，兼管兵部尚書。 張廷玉 孫柱 蔣廷錫 馬爾賽 陳元龍 尹泰	
雍正九年 辛亥	馬齊 朱軾	

	雍正十年壬子
張廷玉 正月己丑，賜扁額。 孫柱 蔣廷錫 正月己丑，賜扁額。 馬爾賽 七月，授鎮撫大將軍。 陳元龍 尹泰	馬齊 朱軾 張廷玉 孫柱 蔣廷錫 七月乙巳，卒。 馬爾賽 十二月丁卯，正法。 陳元龍 尹泰
	福敏 七月己酉，協理大學士。

年份	大學士	協辦
	鄂爾泰 正月壬子，爲保和殿大學士。七月乙酉，賜第。丁酉，命督巡陝、甘。十二月甲子，賜扁。	
雍正十一年癸丑	馬齊 朱軾 張廷玉 孫柱 七月乙未，致仕。八月乙卯，卒。 陳元龍 七月乙酉，太子太傅致仕。 尹泰 鄂爾泰 嵇曾筠 四月乙卯，爲文華殿大學士，兼管吏部尚書，仍管河道。	福敏
雍正十二年甲寅	馬齊 朱軾	福敏

張廷玉
尹泰
鄂爾泰
嵇曾筠

雍正十三年乙卯

馬齊 九月庚申，致仕。
朱軾
張廷玉 十月丁卯，封三等子。
尹泰
鄂爾泰 七月乙卯，解任，仍食俸。十月乙酉，封一等子，世襲罔替。
嵇曾筠
邁柱 七月辛酉，爲武英殿大學士，兼吏部尚書。
查郎阿 七月辛酉，爲文華殿大學士，兼

福敏

	乾隆元年 丙辰	乾隆二年 丁巳
兵部尚書。	朱軾九月庚戌，卒。 張廷玉 尹泰 鄂爾泰 嵇曾筠十一月甲午，加太子太傅。 邁柱 查郎阿 徐本十一月壬午，爲東閣大學士，兼禮部尚書，仍管部事。	張廷玉十二月庚子，賞一騎都尉。癸卯，封三等伯。 尹泰 鄂爾泰十二月庚子，賞一騎都尉。癸

卯，封三等伯。

嵇曾筠

邁柱 十二月壬寅，病免。

查郎阿

徐本 十二月庚子，賞一雲騎尉。

乾隆三年戊午

張廷玉

尹泰

鄂爾泰

嵇曾筠

查郎阿

徐本

福敏 正月乙卯，爲武英殿大學士，兼工部尚書。

乾隆四年

張廷玉 五月癸酉，加太保。

訥親 三月甲子，協辦大學士。

年	大學士	協辦大學士
己未	尹泰 鄂爾泰 正月癸酉，加太保。 嵇曾筠 正月癸酉，卒。 查郎阿 正月癸酉，加太子太保。 徐本 五月癸酉，加太子太保。 福敏 五月癸酉，加太保。 趙國麟 正月壬申，爲大學士。二月，授文淵閣。	
乾隆五年庚申	張廷玉 鄂爾泰 查郎阿 徐本 福敏 趙國麟	訥親

年		
乾隆六年 辛酉	張廷玉 鄂爾泰 查郎阿 徐本 福敏 趙國麟 六月丙辰，降。 陳世倌 七月丙子，爲文淵閣大學士，兼工部尚書。	訥親
乾隆七年 壬戌	張廷玉 鄂爾泰 查郎阿 徐本 福敏 陳世倌	訥親

年	大學士	協辦大學士
乾隆八年 癸亥	張廷玉 鄂爾泰 查郎阿 徐本 十二月辛未，卒。 福敏 陳世倌 十一月己酉，假。	訥親 史貽直 十一月己酉，協辦大學士。
乾隆九年 甲子	張廷玉 鄂爾泰 查郎阿 徐本 六月己酉，以病休，加太子太傅。 福敏 陳世倌 史貽直 正月辛巳，實授大學士。	訥親 史貽直 正月辛巳，遷。 劉於義 正月辛巳，以吏部尚書協辦大學士。
乾隆十年	張廷玉	訥親 五月戊子，遷。

乙丑	乾隆十一年丙寅
鄂爾泰 三月辛巳，加太傅。四月乙卯，卒。 查郎阿 福敏 十二月辛亥，致仕，加太傅。 陳世倌 三月乙未，加太子太保。 史貽直 三月乙未，加太子太保。 訥親 五月戊子，爲保和殿大學士，兼吏部尚書。 慶福 十二月辛亥，爲文華殿大學士，仍留川陝總督任。	訥親 張廷玉 查郎阿 陳世倌
劉於義 高斌 十二月辛亥，協辦大學士。	高斌 劉於義

年	大學士	協辦大學士
	史貽直 慶福	
乾隆十二年丁卯	訥親 張廷玉 查郎阿 三月壬寅，病休。 陳世倌 史貽直 慶福 十二月己卯，革。 高斌 三月丙午，爲文淵閣大學士，兼吏部尚書。 來保 十二月庚辰，爲武英殿大學士。	高斌 三月丙午，遷。 劉於義
乾隆十三年戊辰 十二月，裁中和殿名，增體仁閣，定內閣大學士	張廷玉 十月辛丑，罰俸一年。十二月辛卯，免降。 陳世倌 十二月辛卯，革。	阿克敦 正月，協辦大學士。四月甲子，免。十二月，復任。 傅恆 四月甲子，協辦大學士，兼管吏部。

滿、漢各二人。

史貽直 正月，管兵部。十二月辛卯，革留。

訥親 四月，經略四川軍務。十月壬午，革。

高斌 四月癸酉，革留。十二月丁酉，革大學士。

來保 正月，管戶部兼吏部。七月，免管吏部，兼理兵部。九月，暫管吏部。十二月辛卯，降留。

傅恆 九月，經略金川。十月丁亥，爲保和殿大學士，兼管戶部。十二月乙酉，加太子太保。

劉於義 二月乙未，卒。

陳大受 四月癸酉，以吏部尚書協辦大學士。九月，暫管戶部。

尹繼善 十月丙午，協辦大學士。十一月，授陝西總督，解。

乾隆十四年己巳

傅恆 正月丁卯，封忠勇公。三月，回京，仍兼管吏、戶部。三月，兼管理藩

阿克敦 二月，加太子少保。

陳大受 二月，加太子少傅。七月，出署

	乾隆十五年庚午	乾隆十六年
院尚書。 張廷玉十一月戊辰，致仕。 史貽直五月，兼理工部。 來保正月丙辰，加太子太傅。三月，兼管兵部尚書。七月，暫管吏、戶部。	傅恆 史貽直 來保 張允隨正月丁未，任大學士。乙巳，爲東閣大學士，兼禮部尚書。三月丙午，加太子太保。	傅恆
直隸總督。 汪由敦十一月壬戌，署協辦大學士。十二月丙戌，革。 梁詩正十二月丙戌，以吏部尚書署協辦大學士。	阿克敦 陳大受正月，授兩廣總督。 梁詩正	阿克敦

年份	大學士	協辦大學士
辛未	史貽直 來保 張允隨 三月庚戌，卒。 陳世倌 三月丁卯，仍入閣。四月癸巳，爲文淵閣大學士，兼工部尚書。九月，管禮部。	梁詩正
乾隆十七年壬申	傅恆 史貽直 來保 陳世倌	阿克敦 梁詩正 九月庚辰，告養，免。 孫嘉淦 九月庚辰，以吏部尚書協辦大學士。
乾隆十八年癸酉	傅恆 史貽直 來保 陳世倌	阿克敦 孫嘉淦 十二月丁亥，卒。 蔣溥 十二月，協辦大學士。

年	大學士	協辦大學士
乾隆十九年甲戌	傅恆 史貽直 來保 十二月辛亥，予告。 陳世倌	阿克敦 蔣溥
乾隆二十年乙亥	傅恆 五月壬辰，加封一等公。 史貽直 五月，休致。 來保 陳世倌 黃廷桂 五月辛卯，爲大學士。壬子，授武英殿大學士，兼吏部尚書，仍留四川總督。	阿克敦 五月癸巳，假。 蔣溥 達爾黨阿 五月癸巳，協辦大學士。
乾隆二十一年丙子	傅恆 來保 陳世倌	阿克敦 達爾黨阿 五月，出爲定邊右副將軍。十二月丙戌，免。

	乾隆二十二年 丁丑	乾隆二十三年 戊寅
黃廷桂	傅恆 史貽直 三月甲寅，仍入閣。四月癸酉，爲文淵閣大學士，兼吏部尚書。十二月甲申，加太子太傅。 來保 陳世倌 十二月甲申，加太子太傅。 黃廷桂 三月甲寅，以大學士管陝甘總督。	傅恆 史貽直
鄂彌達 十二月丙戌，以刑部尚書協辦大學士。 蔣溥	鄂彌達 十二月，加太子太保。 蔣溥	鄂彌達 蔣溥

年份	大學士	協辦大學士
	來保 陳世倌 四月庚午，卒。 黃廷桂 七月丙午，加少保。十二月甲寅，封三等伯。	
乾隆二十四年己卯	傅恆 史貽直 來保 黃廷桂 正月己亥，卒。 蔣溥 正月癸卯，爲大學士，兼管戶部尙書。庚戌，爲東閣大學士。	鄂彌達 蔣溥 正月癸卯，遷。 劉統勳 正月癸卯，以吏部尙書協辦大學士。
乾隆二十五年庚辰	傅恆 史貽直 來保	鄂彌達 蔣溥

	蔣溥	
乾隆二十六年辛巳	傅恆 史貽直 來保 蔣溥 四月己卯，卒。 劉統勳 五月癸巳，爲大學士，管禮部。丁未，授東閣大學士，兼管禮部尚書。	鄂彌達 七月辛丑，卒。 劉統勳 五月癸巳，遷。 兆惠 七月幸丑，協辦大學士。 梁詩正 五月，以吏部尚書協辦大學士。
乾隆二十七年壬午	傅恆 史貽直 來保 劉統勳	兆惠 梁詩正
乾隆二十八年癸未	傅恆 史貽直 五月庚午，卒。	兆惠 梁詩正 六月壬寅，遷。

	乾隆二十九年甲申
來保 劉統勳 梁詩正　六月壬寅，爲東閣大學士，兼吏部尙書。十月甲申，加太子太傅。十一月丁卯，卒。 楊廷璋　十一月己卯，爲大學士。十二月，授體仁閣大學士。仍留閩浙總督任。	傅恆 來保　二月，卒。 劉統勳 楊廷璋　七月辛亥，改散秩大臣。 尹繼善　四月壬午，爲大學士，任文華殿大學士，兼兵部尙書，仍留兩
劉綸　六月，以戶部尙書協辦大學士。	兆惠　十一月乙丑，卒。 阿里衮　十一月乙丑，以戶部尙書協辦大學士。 劉綸 陳宏謀　七月，爲添設協辦大學士。

	江。 楊應琚七月辛亥，爲東閣大學士，留陝甘總督。	
乾隆三十年 乙酉	傅恆 劉統勳 尹繼善 楊應琚	阿里袞 劉綸正月，憂免。 莊有恭正月，以刑部尚書協辦大學士。 陳宏謀
乾隆三十一年 丙戌	傅恆 劉統勳 尹繼善 楊應琚	阿里袞 莊有恭正月，革。 陳宏謀
乾隆三十二年 丁亥	傅恆 劉統勳	阿里袞 陳宏謀三月，遷。

年	大學士	協辦大學士
	尹繼善 楊應琚 三月辛巳，革。 陳宏謀 三月辛巳，爲東閣大學士，兼理工部尚書。	劉綸 三月，以吏部尚書協辦大學士。
乾隆三十三年 戊子	傅恆 二月，經略緬甸軍務。 劉統勳 尹繼善 陳宏謀	阿里袞 二月，授征緬甸副將軍。 劉綸
乾隆三十四年 己丑	傅恆 劉統勳 尹繼善 陳宏謀	阿里袞 正月，協辦征緬事宜。十一月，卒于軍。 官保 正月，協辦大學士。 劉綸
乾隆三十五年	傅恆 七月丁巳，卒。	官保

庚寅	劉統勳 尹繼善 陳宏謀 阿爾泰 九月丙午，爲武英殿大學士，兼吏部尚書，仍留辦四川總督事。	劉綸
乾隆三十六年 辛卯	劉統勳 尹繼善 四月壬辰，卒。 陳宏謀 二月辛巳，致仕，加太子太傅。六月壬午，卒。 阿爾泰 十一月丙辰，革。 劉綸 二月辛卯，爲文淵閣大學士，兼工部尚書。 高晉 五月壬戌，爲文華殿大學士，兼禮部尚書，仍留兩江總督任。	官保 劉綸 二月，遷。 于敏中 二月辛卯，以戶部尚書協辦。

年份	大學士	協辦大學士
	溫福 十一月丙辰，授大學士。十二月戊辰，爲武英殿大學士，兼兵部尚書。	
乾隆三十七年壬辰	劉統勳 劉綸 高晉 溫福	官保 于敏中
乾隆三十八年癸巳	劉統勳 十一月辛未，卒。 劉綸 六月癸丑，卒。 高晉 溫福 四月，加太子太保。六月，陣亡。 舒赫德 七月甲子，爲武英殿大學士，兼刑部尚書。十一月，管吏部，仍兼刑部。	官保 九月，吏部尚書。 于敏中 八月戊子，遷。 程景伊

年	大學士	協辦大學士
	于敏中 八月戊子，爲文華殿大學士，兼戶部尚書，仍管戶部。 李侍堯 十二月辛丑，爲武英殿大學士，仍管兩廣總督事。	
乾隆三十九年甲午	高晉 舒赫德 四月甲申，賞古今圖書集成一部。 于敏中 四月甲申，賞古今圖書集成一部。 李侍堯	官保 程景伊
乾隆四十年乙未	高晉 舒赫德 于敏中 李侍堯	官保 程景伊

乾隆四十一年丙申	高晉 舒赫德 于敏中 李侍堯	官保　正月丁巳，病免。 阿桂　正月丁巳，以吏部尚書協辦大學士。 英廉　正月，署協辦。 程景伊
乾隆四十二年丁酉	高晉 舒赫德　四月丁巳，卒。五月，永貴暫署大學士。 于敏中 李侍堯 阿桂　五月丁亥，爲武英殿大學士，兼禮部尚書。	阿桂　正月，往雲南。五月，遷。 英廉　正月，署。五月，協辦。 程景伊
乾隆四十三年戊戌	高晉 于敏中	英廉 程景伊

	李侍堯 阿桂	
乾隆四十四年 己亥	高晉 正月乙未，卒。 于敏中 十二月戊午，卒。 李侍堯 阿桂 三寶 正月乙未，補大學士。 程景伊 十二月己巳，爲文淵閣大學士，兼禮部尚書。	英廉 程景伊 十二月，遷。 嵇璜 十二月己巳，以吏部尚書協辦大學士。
乾隆四十五年 庚子	李侍堯 三月丁酉，革。 阿桂 三寶 程景伊 八月乙卯，卒。	英廉 三月，遷。 嵇璜 九月戊寅，遷。 永貴 三月，以尚書協辦大學士。 蔡新 九月，以吏部尚書協辦大學士。

年	大學士	協辦大學士
	英廉　三月辛丑，補大學士。四月甲子，爲東閣大學士，兼戶部尚書。 嵇璜　九月戊寅，爲文淵閣大學士，兼兵部尚書。	
乾隆四十六年 辛丑	阿桂 三寶 英廉 嵇璜	永貴 蔡新
乾隆四十七年 壬寅	阿桂 三寶 英廉　八月甲戌，加太子太保。 嵇璜　八月甲戌，加太子太保。	永貴 蔡新
乾隆四十八年 癸卯	阿桂 三寶	永貴　五月丙午，卒。 蔡新　七月乙卯，遷。

	英廉 八月庚寅，卒。 稽璜 蔡新 七月乙卯，補大學士。八月己巳，爲文華殿大學士，兼吏部尚書。	伍彌泰 五月丁未，協辦大學士。 梁國治 七月乙卯，以尚書協辦大學士。
乾隆四十九年甲辰	阿桂 三寶 六月壬寅，卒。 稽璜 蔡新 伍彌泰 七月癸酉，爲東閣大學士，兼吏部尚書。	伍彌泰 七月癸酉，遷。 和珅 七月癸酉，以吏部尚書協辦大學士。
乾隆五十年乙巳	阿桂 稽璜 蔡新 四月戊戌，致仕，晉加太子太傅。	和珅 梁國治 五月丙子，遷。 劉墉 五月丙子，以尚書協辦大學士。

年份	大學士	協辦大學士
	伍彌泰 梁國治 五月丙子，爲東閣大學士，兼戶部尚書。	
乾隆五十一年 丙午	阿桂 嵇璜 伍彌泰 閏七月庚辰，卒。 梁國治 十二月壬子，卒。 和珅 閏七月庚寅，爲文華殿大學士，兼吏部尚書，管戶部兼吏部。	和珅 閏七月，遷。 福康安 七月，以吏部尚書協辦大學士，仍留陝甘總督。九月，召。 劉墉
乾隆五十二年 丁未	阿桂 嵇璜 和珅 王杰 正月丁亥，補大學士。癸巳，爲東	福康安 八月，授將軍，剿臺灣逆匪林爽文。

	閣大學士，兼禮部尚書，管禮部。	
乾隆五十三年戊申	阿桂 嵇璜 和珅 王杰	福康安 十月，署閩浙總督。 劉墉
乾隆五十四年己酉	阿桂 嵇璜 和珅 王杰	福康安 正月，調兩廣總督。 劉墉 三月乙丑，降。
乾隆五十五年庚戌	阿桂 嵇璜 和珅 王杰 十一月，加太子太保。	福康安 十一月，授將軍，征廓爾喀。 彭元瑞 十二月戊辰，以尚書協辦大學士。

年份	大學士	協辦大學士
乾隆五十六年辛亥	阿桂 嵇璜 和珅 王杰	福康安 彭元瑞　四月辛未，革。 孫士毅　四月辛未，以吏部尚書協辦大學士。
乾隆五十七年壬子	阿桂 嵇璜 和珅 王杰 福康安　八月癸酉，授大學士。戊子，爲武英殿大學士，兼吏部尚書。三月，加大將軍。 孫士毅　八月癸酉，授大學士。戊子，爲	福康安　八月，遷。 孫士毅　八月，遷。

	文淵閣大學士，兼禮部尚書。	
乾隆五十八年癸丑 四月，除大學士，兼尚書銜。	阿桂 嵇璜 和珅 王杰 福康安 七月，調雲貴總督。 孫士毅	
乾隆五十九年甲寅	阿桂 嵇璜 七月丙午，卒。 和珅 王杰 福康安 孫士毅 三月，署四川總督。	
乾隆六十年	阿桂	

乙卯
和珅 王杰 福康安 孫士毅

清史稿卷一百七十五

表十五

大學士年表二

年分	大學士	協辦
嘉慶元年丙辰	阿桂 九月壬戌，辭兼管兵部。 和珅 王杰 十月己卯，辭兼禮部。 福康安 五月壬申，卒。 孫士毅 七月辛亥，卒。 董誥 十月己卯，授大學士，兼管禮部事務。	

年份	大學士	協辦大學士
嘉慶二年 丁巳	阿桂 八月己未，卒。 和珅 王杰 董誥 三月壬戌，丁憂。 劉墉 蘇淩阿 九月甲申，任東閣大學士。	保寧 十二月，協辦大學士，仍留伊犁將軍。
嘉慶三年 戊午	和珅 八月戊戌，封公爵。 王杰 劉墉 蘇淩阿	保寧
嘉慶四年 己未	和珅 正月丁卯，科道列欵糾劾，下獄。 王杰 劉墉 二月己亥，加太子少保。 蘇淩阿 正月乙亥，以原品致仕。	保寧 正月，遷。 慶桂 正月戊辰，以刑部尚書協辦大學士。 書麟 三月癸亥，協辦大學士。

年份	大學士	協辦大學士
	保寧 正月戊辰，任武英殿大學士。二月，加太子太保。 慶桂 三月己未，任文淵閣大學士，管刑部。九月庚申，加太子太傅。 董誥 五月甲申，服闋，授文華殿大學士。二月己亥，加太子太保。九月庚午，加太子太傅。	
嘉慶五年 庚申	王杰 劉墉 保寧 慶桂 董誥 六月丁卯，管刑部。	書麟
嘉慶六年	王杰	書麟 四月，卒。

辛酉	劉墉 保寧 慶桂　四月，管吏部。 董誥	吉慶　四月，協辦大學士，仍留兩廣總督。
嘉慶七年 壬戌	王杰　七月甲申，致仕，加太子太傅，食俸十年。 劉墉 保寧 慶桂　十二月癸丑，賞給騎都尉世職。 董誥　十二月癸丑，賞給騎都尉世職。	吉慶　十月，降。 琳寧　十一月，以吏部尚書協辦大學士，加太子少保。 朱珪　八月，以戶部尚書協辦。
嘉慶八年 癸亥	劉墉 保寧 慶桂	琳寧 朱珪

年份	大學士	協辦大學士
	董誥	
嘉慶九年甲子	劉墉 十二月庚辰，卒。 保寧 慶桂 董誥	琳寧 六月，免。 祿康 六月，協辦。 朱珪 正月，遷。
嘉慶十年乙丑	保寧 慶桂 董誥 朱珪 正月辛亥，任體仁閣大學士，管工部事。	祿康 紀昀 正月，授。二月，卒。 劉權之 二月，授。閏六月，降。 費淳 閏六月，授。
嘉慶十一年丙寅	保寧 十月丁酉，疾免，令食公爵全俸。 慶桂 董誥 朱珪 十二月戊寅，卒。	祿康 十一月，遷。 長麟 十一月，授。 費淳

年	大學士	協辦大學士
	祿康十一月己未，任東閣大學士，管戶部。	
嘉慶十二年丁卯	慶桂 董誥 祿康 費淳	長麟 費淳正月，遷。 戴衢亨正月，授。
嘉慶十三年戊辰	慶桂 董誥 祿康 費淳	長麟 戴衢亨
嘉慶十四年己巳	慶桂正月辛酉，加太子太師。 董誥正月辛酉，加太子太師。 祿康十二月辛丑，降。 費淳十二月庚戌，降。	長麟 祿康十二月，降授。 戴衢亨

嘉慶十五年 庚午	慶桂 五月，管戶部。 董誥 勒保 正月庚辰，任武英殿大學士，五月癸亥，革降。 祿康 五月癸亥，仍復東閣大學士，管吏部。 戴衢亨 五月癸酉，任體仁閣大學士，管工部。	祿康 明亮 五月，授。 戴衢亨 劉權之 正月，復授。
嘉慶十六年 辛未	慶桂 董誥 祿康 六月癸丑，革。 戴衢亨 四月戊申，卒。 劉權之 五月辛巳，任體仁閣大學士，管工部。	明亮 六月，革。 松筠 六月，授。 劉權之 鄒炳泰 五月，授。

	勒保六月丁巳，任武英殿大學士，管吏部。	
嘉慶十七年壬申	慶桂 董誥 劉權之 勒保	松筠 鄒炳泰
嘉慶十八年癸酉	慶桂九月癸未，休。 董誥 劉權之九月癸未，休。 勒保 松筠九月甲申，任東閣大學士，仍兼伊犂將軍。 曹振鏞九月甲申，任體仁閣大學士，管工部。	托津九月，授。 鄒炳泰九月，降。 曹振鏞九月，授。 百齡九月，授。

年份	大學士	協辦大學士
嘉慶十九年甲戌	董誥 勒保八月辛未，病休。 松筠 曹振鏞 托津八月辛未，任東閣大學士，管戶部。九月癸巳，加太子太保。	托津 百齡十二月，革。 明亮八月，以兵部尚書協辦。 章煦十二月，授。
嘉慶二十年乙亥	董誥 松筠 曹振鏞 托津	明亮 章煦
嘉慶二十一年丙子	董誥 松筠九月乙未朔，復太子太保。 曹振鏞 托津	明亮 章煦

年	大學士	協辦大學士
嘉慶二十二年丁丑	董誥 六月，管刑部。 松筠 六月甲戌，革。 曹振鏞 托津 六月，管理藩院。 明亮 六月甲戌，任武英殿大學士，管兵部。辛巳，加太子太保。	明亮 伯麟 六月甲戌，協辦，仍留雲貴總督。 章煦 三月，病免。 戴均元 三月，授。
嘉慶二十三年戊寅	董誥 二月乙亥，以疾致仕。 曹振鏞 托津 明亮 章煦 三月庚戌，任文淵閣大學士，管刑部。	伯麟 戴均元
嘉慶二十四年己卯	曹振鏞 托津	伯麟 戴均元

	明亮 章煦	
嘉慶二十五年庚辰	曹振鏞 托津 明亮 章煦 二月癸卯，以疾致仕。 戴均元 二月癸卯，任文淵閣大學士，加太子太保，管理刑部。	伯麟 戴均元 二月，遷。 吳璥 二月，授
道光元年辛巳	曹振鏞 三月己巳，加太子太傅。 托津 三月己巳，加太子太傅。 明亮 四月癸巳，致仕。 戴均元 伯麟 五月己未，任體仁閣大學士，兼管兵部。	伯麟 五月，遷。 長齡 五月庚子，協辦大學士，仍留陝甘總督任。 吳璥 二月戊戌，予告。 孫玉庭 二月庚子，協辦大學士，仍留兩江總督任。

年	大學士	協辦大學士
道光二年 壬午	曹振鏞 托津 戴均元 伯麟 六月癸丑，休，仍充實錄館總裁。 長齡 六月戊辰，任文華殿大學士，兼管理藩院事。	長齡 六月，遷。 英和 六月戊辰，以戶部尚書協辦大學士。 孫玉庭
道光三年 癸未	曹振鏞 托津 正月，革。 戴均元 長齡	英和 孫玉庭
道光四年 甲申	曹振鏞 托津	英和 孫玉庭 閏七月，遷。

年份	大學士	協辦大學士
	戴均元 三月戊辰，太子太保。七月辛巳，休。 長齡 孫玉庭 閏七月丁未，任體仁閣大學士。	蔣攸銛 閏七月丁未，協辦大學士，仍留直隸總督任。
道光五年 乙酉	曹振鏞 托津 長齡 孫玉庭 六月戊午，降。 蔣攸銛 六月戊午，任體仁閣大學士，仍留直隸總督任。十一月，召入，管刑部。	英和 蔣攸銛 六月，遷。 汪廷珍 六月戊午，以尚書協辦。
道光六年 丙戌	曹振鏞 托津 長齡	英和 汪廷珍

年	大學士	協辦大學士
	蔣攸銛	
道光七年丁亥	曹振鏞 七月壬申，晉太子太師。 托津 五月，管刑部。 長齡 五月，管戶部。 蔣攸銛 五月，授兩江總督。七月壬申，加太子太保。	英和 七月己未，免。 富俊 七月己未，以理藩院尚書協辦。 汪廷珍 七月，卒。 盧蔭溥 七月丁巳，以吏部尚書協辦。
道光八年戊子	曹振鏞 正月乙丑，晉加太傅銜，賞用紫韁。 托津 長齡 二月丁丑，封二等威勇公。五月庚戌，晉太保，賞三眼花翎。 蔣攸銛 正月丙寅，晉太子太傅。	富俊 盧蔭溥
道光九年己丑	曹振鏞 十月，賞還雙眼花翎。 托津	富俊 盧蔭溥

	道光十年 庚寅	道光十一年 辛卯	道光十二年
長齡 蔣攸銛	曹振鏞 托津　十二月，解管刑部。 長齡 蔣攸銛　九月丁丑，免。 盧蔭溥　九月戊寅，任體仁閣大學士。	曹振鏞 托津　十一月丙辰，病免。 長齡　十二月，管兵部。 盧蔭溥 富俊　十二月乙酉，任東閣大學士，管兵部。丁亥，改管理藩院。	曹振鏞
	富俊 盧蔭溥　九月，遷。 李鴻賓　九月戊寅，協辦，仍留兩廣總督。	富俊　十二月，遷。 文孚　十二月乙酉，以尚書協辦。 李鴻賓	文孚

壬辰	長齡 盧蔭溥 富俊	李鴻賓 八月甲午，革。 阮元 八月甲午，協辦，仍留雲貴總督。
道光十三年 癸巳	曹振鏞 長齡 盧蔭溥 三月丙子，致仕，加太子太保，在籍食俸。 富俊 潘世恩 四月己酉，任體仁閣大學士。	文孚 阮元
道光十四年 甲午	曹振鏞 正月丁卯，加恩在紫禁城內乘車轎。 長齡 正月丁卯，加恩在紫禁城內乘車轎。 富俊 正月丁卯，加恩在紫禁城內乘車	文孚 十一月，遷。 穆彰阿 十二月，授。 阮元

年份	大學士	協辦大學士
	轎。二月乙丑，卒。贈太子太傅。 潘世恩 文孚 十一月丙戌，任東閣大學士，管吏部事。	
道光十五年乙未	曹振鏞 正月戊子，卒。 長齡 正月，解管戶部。 潘世恩 七月，管戶部。 文孚 七月，管吏部。 阮元 二月己亥，任體仁閣大學士，管兵部。	穆彰阿 七月，管工部。 阮元 王鼎 二月己亥，以戶部尚書協辦，管刑部。
道光十六年丙申	長齡 潘世恩 文孚 七月丙申，致仕。	穆彰阿 七月，遷。 琦善 七月庚子，協辦，仍留直隸總督。 王鼎

	阮元 穆彰阿 七月庚子，任武英殿大學士，管理工部。	
道光十七年 丁酉	長齡 正月己卯，賞四開褉袍。 潘世恩 正月己卯，太子太保。 阮元 穆彰阿	琦善 王鼎
道光十八年 戊戌	長齡 正月乙亥，卒。 潘世恩 五月癸丑，改武英殿大學士。 阮元 五月癸丑，致仕。 穆彰阿 五月癸丑，改文華殿大學士。八月壬辰，丁母憂。 琦善 二月癸卯，任文淵閣大學士，仍留直隸總督。	琦善 伊里布 二月癸卯，協辦，仍留雲貴總督。 王鼎 五月，遷。 湯金釗 五月癸丑，以戶部尚書協辦。

	道光十九年己亥	道光二十年庚子	道光二十一年辛丑
王鼎五月癸丑，任東閣大學士，仍管刑部。	潘世恩 穆彰阿 琦善 王鼎	潘世恩 穆彰阿 琦善 王鼎正月壬辰，加太子太保。	潘世恩 穆彰阿 琦善正月辛亥，革。 王鼎七月，赴河南籌辦河工。
	伊里布 湯金釗	伊里布 湯金釗	伊里布二月，革。 奕經二月，授。 湯金釗閏三月戊寅，降。 卓秉恬閏三月戊寅，以吏部尚書協辦

年	大學士	協辦大學士
	寶興二月戊辰，任文淵閣大學士，仍留四川總督。	大學士。
道光二十二年壬寅	潘世恩 穆彰阿 王鼎二月，加太子太師。四月，卒。 寶興	奕經十月甲午，革。 敬徵十月乙未，以戶部尚書協辦。 卓秉恬
道光二十三年癸卯	潘世恩 穆彰阿 寶興	敬徵 卓秉恬
道光二十四年甲辰	潘世恩 穆彰阿 寶興 卓秉恬十二月戊申，任體仁閣大學士。	敬徵 卓秉恬十二月，遷。 陳官俊十二月戊申，以吏部尚書協辦。

年份	大學士	協辦大學士
道光二十五年乙巳	潘世恩 穆彰阿 寶興 卓秉恬七月辛未，管兵部事。	敬徵二月，革。 耆英二月，授。 陳官俊
道光二十六年丙午	潘世恩 穆彰阿 寶興十二月，入覲，留管刑部。 卓秉恬	耆英 陳官俊
道光二十七年丁未	潘世恩 穆彰阿 寶興 卓秉恬	耆英 陳官俊
道光二十八年戊申	潘世恩正月丁丑，晉加太傅銜，賞用紫韁。	耆英十一月，遷。

年	大學士	協辦大學士
	穆彰阿 寶興 正月丁丑，加太保銜。十月甲寅，卒。 卓秉恬 耆英 十一月己卯，任文淵閣大學士，管兵部。	琦善 十月，復任。 陳官俊
道光二十九年 己酉	潘世恩 穆彰阿 卓秉恬 耆英	琦善 陳官俊 七月，卒。 祁寯藻 七月，授。
道光三十年 庚戌	潘世恩 六月癸丑，致仕。 穆彰阿 十月乙酉，革。 卓秉恬 六月庚午，改武英殿大學士。 耆英 十月乙酉，降。	琦善 賽尚阿 十月，授。 祁寯藻 六月，遷。 杜受田 六月，授。

年	大學士	協辦大學士
	祁寯藻　六月癸亥，任大學士。庚午，為體仁閣大學士。	
咸豐元年辛亥	卓秉恬 祁寯藻　正月戊子，管工部。 賽尚阿　正月戊子，任大學士，管戶部。戊申，為文華殿大學士。	琦善　五月，革。 裕誠　五月，以戶部尚書協辦。 杜受田　五月，管戶部。
咸豐二年壬子	卓秉恬　九月壬子，改管工部。 祁寯藻　三月壬子，加太子太保。九月壬子，改管戶部。 賽尚阿　九月戊申，革。 裕誠　正月辛酉，大學士，管兵部。辛未，為文淵閣大學士。三月壬子，加太子太保。 訥爾經額　九月辛亥，大學士。壬戌，為	訥爾經額 禧恩　九月，以尚書協辦，管理藩院。 杜受田　七月，卒。 賈楨　九月，授。 文慶

年份	大學士	協辦大學士
	文淵閣大學士，仍留直隸總督。	
咸豐三年 癸丑	卓秉恬 祁寯藻 裕誠 訥爾經額 九月丙午，革，仍留直隸辦理防剿事宜。	文慶 賈楨
咸豐四年 甲寅	卓秉恬 祁寯藻 十一月庚寅，致仕。 裕誠 賈楨 十一月庚寅，爲大學士，管戶部。十二月，爲體仁閣大學士。	文慶 賈楨 十一月，遷。
咸豐五年 乙卯	卓秉恬 九月癸亥，卒。	文慶 九月己巳，以戶部尚書協辦。十二月，遷。

	咸豐六年 丙辰
裕誠 賈楨 十二月戊申，改武英殿大學士。 文慶 十二月乙巳，任大學士，管戶部。戊申，爲文淵閣大學士。 葉名琛 十二月乙巳，任大學士。戊申，爲體仁閣大學士，仍留兩廣總督。	裕誠 賈楨 六月，憂免。 文慶 十一月乙丑，爲武英殿大學士。辛未，卒。 葉名琛 彭蘊章 十一月乙卯，任大學士，管工
桂良 十二月乙巳，協辦。 葉名琛 九月己巳，以兩廣總督協辦。十二月，遷。 彭蘊章 十二月乙巳，協辦。	桂良 柏葰 十二月，以尚書協辦大學士。 彭蘊章 遷。 翁心存 十一月乙卯，以尚書協辦。

年	大學士	協辦大學士
	部。乙丑，爲文淵閣大學士。 桂良 十二月己酉，任大學士，爲東閣大學士。	
咸豐七年 丁巳	裕誠 葉名琛 十二月庚戌，革。 彭蘊章 桂良	柏葰 翁心存
咸豐八年 戊午	裕誠 五月戊子，革。 彭蘊章 九月癸巳，改武英殿大學士。 桂良 九月癸巳，改文華殿大學士。 柏葰 九月壬午，任大學士，管兵部。癸巳，爲文淵閣大學士。 翁心存 九月壬午，任大學士，管戶部。癸巳，爲體仁閣大學士。	柏葰 九月，遷。 官文 九月壬午，以湖廣總督協辦大學士。 翁心存 九月，遷。 周祖培 九月壬午，以吏部尚書協辦大學士。

年份	大學士	協辦大學士
	瑞麟　十二月庚午，任大學士，管禮部。	
咸豐九年 己未	彭蘊章 桂良 柏葰　二月甲寅，棄市。 翁心存　五月辛卯，病免。 瑞麟　正月，爲文淵閣大學士。五月，管戶部。 賈楨　五月甲午，任大學士，管兵部。六月庚戌，體仁閣大學士。	官文 周祖培
咸豐十年 庚申	彭蘊章　九月癸巳，病免。 桂良 瑞麟　八月己丑，革。 賈楨	官文 肅順　十二月丙戌，以戶部尚書協辦大學士。 周祖培　十二月，遷。

年	大學士	協辦大學士
	官文 十二月丙戌，任大學士，仍留湖廣總督。 周祖培 十二月丙戌，爲大學士，管戶部。	
咸豐十一年 辛酉	桂良 賈楨 正月，爲武英殿大學士。 官文 正月，爲文淵閣大學士。八月辛巳，加太子太保銜。 周祖培 正月，爲體仁閣大學士。	肅順 九月，革。
同治元年 壬戌	桂良 六月癸酉，卒。 賈楨 官文 閏八月己酉，爲文華殿大學士。 周祖培 閏八月丙申，管刑部。 倭仁 閏八月丙申，爲大學士，管戶部。	麟魁 正月，授，卒。 倭仁 七月，以工部尚書協辦。 瑞常 十月，以吏部尚書協辦大學士。 曾國藩 正月，以兩江總督協辦。

年	大學士	協辦大學士
	己酉，爲文淵閣大學士。	
同治二年癸亥	賈楨 官文 周祖培 倭仁	瑞常 曾國藩
同治三年甲子	賈楨 官文七月，封一等伯。 周祖培 倭仁	瑞常 曾國藩六月，封一等侯。
同治四年乙丑	賈楨 官文 周祖培 倭仁	瑞常 曾國藩
同治五年	賈楨	瑞常

丙寅	官文 周祖培 倭仁	曾國藩
同治六年 丁卯	賈楨 官文 周祖培 四月己丑，卒。 倭仁 曾國藩 五月，任大學士。六月，爲體仁閣大學士。	瑞常 曾國藩 五月，遷。 駱秉章 五月，以四川總督協辦。十二月，卒。
同治七年 戊辰	賈楨 五月癸酉，以太子太保致仕。 官文 倭仁 曾國藩 四月壬寅，爲武英殿大學士。	瑞常 朱鳳標 正月，以尚書協辦。三月，遷。 李鴻章 七月，以湖廣總督協辦。

年份	大學士	協辦大學士
	朱鳳標 三月乙亥，任大學士，管吏部。四月壬寅，爲體仁閣大學士。	
同治八年己巳	官文 倭仁 曾國藩 朱鳳標	瑞常 李鴻章
同治九年庚午	官文 倭仁 曾國藩 李鳳標	瑞常 李鴻章
同治十年辛未	官文 正月壬寅，卒。 倭仁 三月戊申，爲文華殿大學士。四月庚辰，卒。 曾國藩	瑞常 二月，遷。 文祥 二月，授。 李鴻章

	同治十一年壬申
朱鳳標 瑞常 二月戊子，任大學士。三月癸巳，管刑部。戊申，爲文淵閣大學士。七月壬辰，爲文華殿大學士。 瑞麟 六月丙子，任大學士，仍留兩廣總督。七月壬辰，爲文淵閣大學士。	曾國藩 二月丙寅，卒。 朱鳳標 六月甲子，致仕。 瑞常 三月辛丑，卒。 瑞麟 六月甲子，爲文華殿大學士。 李鴻章 五月庚子，任大學士，仍留直隸總督。六月甲子，爲武英殿大學士。 文祥 六月甲子，任大學士，管工部。七
	文祥 六月，遷。 全慶 六月，授。 李鴻章 五月，遷。 單懋謙 六月，授。八月，遷。

年	大學士	協辦大學士
	月己酉，爲體仁閣大學士。 單懋謙 八月庚申，任大學士，管兵部。九月辛巳，爲文淵閣大學士。	
同治十二年 癸丑	瑞麟 李鴻章 文祥 單懋謙	全慶 十二月，降。 左宗棠 十月，以陝甘總督協辦大學士。
同治十三年 甲戌	瑞麟 九月丁未，卒。 李鴻章 十二月己未，改文華殿大學士。 文祥 十二月己未，改武英殿大學士。 單懋謙 四月丙子，休。 左宗棠 七月壬子，任大學士。八月己卯，爲東閣大學士。 寶鋆 十一月己酉，任大學士，管吏部。	寶鋆 三月，授。 左宗棠 七月，遷。

年份	大學士	協辦大學士
光緒元年乙亥	十二月己未，爲體仁閣大學士。 李鴻章 文祥 左宗棠 寶鋆	英桂 正月辛丑，以吏部尚書協辦大學士。 沈桂芬 正月辛丑，以兵部尚書協辦大學士。
光緒二年丙子	李鴻章 文祥 五月，卒。 左宗棠 寶鋆	英桂 沈桂芬
光緒三年丁丑	李鴻章 左宗棠 寶鋆 二月乙巳，任武英殿大學士。	英桂 正月，遷。 載齡 正月癸亥，以尚書協辦大學士。 沈桂芬

年	大學士	協辦大學士
	英桂 二月乙巳，任體仁閣大學士。	
光緒四年戊寅	李鴻章 左宗棠 寶鋆 英桂 三月，休。 載齡 五月庚戌，任大學士，管工部。六月甲申，任體仁閣大學士。	載齡 全慶 五月丙戌，以刑部尚書協辦。 沈桂芬
光緒五年己卯	李鴻章 左宗棠 寶鋆 載齡	全慶 沈桂芬
光緒六年庚辰	李鴻章 左宗棠 寶鋆	全慶 十一月，遷。 靈桂 十一月己巳，以吏部尚書協辦。 沈桂芬

年	大學士	協辦大學士
	載齡 九月甲申，致仕。 全慶 十一月己巳，任大學士，管工部。丙戌，爲體仁閣大學士。	
光緒七年 辛巳	李鴻章 左宗棠 寶鋆 全慶 八月丁亥，致仕。 靈桂 十月，任大學士。十一月甲午，爲體仁閣大學士。	靈桂 十月，遷。 文煜 十月，授。 沈桂芬 正月，卒。 李鴻藻 六月，授。
光緒八年 壬午	李鴻章 左宗棠 寶鋆 靈桂	文煜 李鴻藻
光緒九年	李鴻章	文煜

癸未	光緒十年甲申
左宗棠 寶鋆 靈桂	李鴻章 左宗棠 寶鋆 三月戊子，免。 靈桂 五月，管吏部。十月癸巳，改武英殿大學士。 文煜 五月丁亥，任大學士，管工部。閏五月甲辰，爲武英殿大學士。八月，病免。 額勒和布 九月甲子，任大學士，管戶部。十月癸巳，爲體仁閣大學士。
李鴻藻	額勒和布 正月，授。 恩承 九月，授。 李鴻藻 三月，降。 閻敬銘 五月，以戶部尚書協辦。

年	大學士	協辦大學士
光緒十一年 乙酉	李鴻章 左宗棠 七月，卒。 靈桂 九月壬寅，卒。 額勒和布 十一月戊寅，改管兵部。十二月，改武英殿。 閻敬銘 十一月戊寅，任大學士，管戶部。十二月，爲東閣大學士。 恩承 十一月戊寅，任大學士，管理藩院。十二月，爲體仁閣大學士。	恩承 十一月，遷。 福錕 十一月，授。 閻敬銘 十一月，遷。 張之萬 十一月，授。
光緒十二年 丙戌	李鴻章 額勒和布 閻敬銘 恩承	福錕 張之萬
光緒十三年	李鴻章	福錕

年	大學士	協辦大學士
丁亥	額勒和布 閻敬銘 恩承	張之萬
光緒十四年 戊子	李鴻章 額勒和布 閻敬銘　七月丙寅，病免。 恩承	福錕 張之萬
光緒十五年 己丑	李鴻章 額勒和布　正月，加太子太保。 恩承　二月庚辰，改東閣大學士。 張之萬　正月辛酉，爲大學士，管戶部，加太子太保。	福錕　正月，加太子太保。 張之萬　正月，遷。 徐桐　正月辛酉，以吏部尙書協辦。
光緒十六年 庚寅	李鴻章 額勒和布	福錕 徐桐

年	大學士	協辦大學士
	恩承 張之萬	
光緒十七年辛卯	李鴻章 額勒和布 恩承 張之萬	福錕 徐桐
光緒十八年壬辰	李鴻章 額勒和布 恩承 閏六月，卒。 張之萬 八月甲申，改管吏部。九月甲午，改東閣大學士。 福錕 八月甲申，任大學士，管戶部。九月甲午，爲體仁閣大學士。	福錕 八月，遷。 麟書 八月甲申，以吏部尚書協辦。 徐桐
光緒十九年	李鴻章	麟書

年	大學士	協辦大學士
癸巳	額勒和布 張之萬 福錕	徐桐
光緒二十年甲午	李鴻章　正月，賞三眼花翎。 額勒和布 張之萬 福錕	麟書 徐桐
光緒二十一年乙未	李鴻章　正月，賞還三眼花翎，使日本議約。七月，入閣辦事。 額勒和布 張之萬 福錕　閏五月，致仕。 麟書　六月乙酉，任大學士，管工部。丙申，爲文淵閣大學士。	麟書　六月，遷。 崑岡　六月，授。 徐桐

年份	大學士	協辦大學士
光緒二十二年丙申	李鴻章 額勒和布 三月戊戌，致仕。 張之萬 九月丁未，致仕。 麟書 四月丙戌，改管戶部。五月己亥，改武英殿大學士。 崑岡 四月戊子，任大學士。丙戌，管工部。五月己亥，爲體仁閣大學士。十一月丙申，爲東閣大學士。 徐桐 十月己丑，任大學士，管吏部。十一月丙申，爲體仁閣大學士。	崑岡 四月，遷。 徐桐 十月，遷。 榮祿 四月戊子，以兵部尚書協辦。 李鴻藻 十月，復以禮部尚書協辦。
光緒二十三年丁酉	李鴻章 麟書 崑岡 徐桐	榮祿 李鴻藻 七月，卒。 翁同龢 八月，授。

年	大學士	協辦大學士
光緒二十四年戊戌	李鴻章 麟書　閏三月丙辰，卒。 崑岡 徐桐 榮祿　四月甲辰，任大學士，管戶部。五月丙辰，爲文淵閣大學士。丁巳，授直隸總督。八月，召入，管兵部，節制北洋各軍。	榮祿 剛毅　四月甲辰，以兵部尙書協辦。 翁同龢　四月，免。 孫家鼐　五月，以吏部尙書協辦。
光緒二十五年己亥	李鴻章 崑岡 徐桐 榮祿	剛毅 孫家鼐　十一月，病免。 王文韶　十一月，以戶部尙書協辦。
光緒二十六年庚子	李鴻章 崑岡	剛毅　九月，卒。 崇禮　十月，授。

年份	大學士	協辦大學士
	徐桐 十一月癸未，自盡。 榮祿 王文韶 十月癸丑，任大學士，管戶部。十一月甲申，爲體仁閣大學士。	王文韶 十月，遷。 徐郙 十月，授。
光緒二十七年 辛丑	李鴻章 十月甲午，卒。 崑岡 六月，改管兵部。 榮祿 六月，改管戶部。十二月丙辰，改文華殿大學士。 王文韶 六月，爲外務部大臣。十二月丙辰，改文淵閣大學士。 孫家鼐 十二月甲寅，任大學士。丙辰，爲體仁閣大學士，管吏部。	崇禮 徐郙
光緒二十八年 壬寅	崑岡 榮祿	崇禮 徐郙

年份	大學士	協辦大學士
	王文韶 孫家鼐	
光緒二十九年癸卯	崑岡　五月戊午，改文淵閣大學士。七月辛卯，致仕。 榮祿　三月己巳，卒。 王文韶　五月戊午。改武英殿大學士。九月，解外務部大臣，管戶部。 孫家鼐　八月丙子，改東閣大學士。 崇禮　四月辛亥，任大學士。五月戊午，爲東閣大學士。八月丙子，改文淵閣大學士。 敬信　八月壬寅，任大學士。丙子，爲體仁閣大學士。	崇禮　四月，遷。 敬信　四月，授。八月，遷。 裕德　八月，授。 徐郙
光緒三十年	王文韶	裕德　十月，遷。

年	大學士	協辦大學士
甲辰	孫家鼐 崇禮 敬信 九月癸未，病免。 裕德 十月丁未，任大學士。己酉，爲體仁閣大學士。	世續 十月，授。 徐郙
光緒三十一年乙巳	王文韶 孫家鼐 六月丙戌，改文淵閣大學士。 崇禮 五月己亥，病免。 裕德 六月丙寅，改東閣大學士。十一月辛未，卒。 世續 六月己未，任大學士。丙寅，爲體仁閣大學士。十二月甲寅，改東閣大學士。 那桐 十二月辛亥，任大學士。甲寅，爲	世續 六月，遷。 那桐 六月，授。十二月，遷。 榮慶 十二月，授。 徐郙

	體仁閣大學士。	
光緒三十二年丙午	王文韶 孫家鼐 世續 那桐	榮慶 徐郙 正月，休致。 瞿鴻禨 正月，授。
光緒三十三年丁未	王文韶 五月辛丑，致仕。 孫家鼐 六月丁丑，改武英殿大學士。 世續 六月丁丑，改文淵閣大學士。 那桐 六月丁丑，改東閣大學士。 張之洞 六月癸酉，任大學士。丁丑，爲體仁閣大學士。	榮慶 瞿鴻禨 正月，開缺。 張之洞 五月，授。六月，遷。 鹿傳霖 六月，授。
光緒三十四年戊申	孫家鼐 世續 那桐	榮慶 鹿傳霖

	宣統元年 己酉	宣統二年 庚戌
張之洞	孫家鼐 十月，卒。 世續 十一月，改文華殿大學士。 那桐 十一月，改文淵閣大學士。 張之洞 八月，卒。 鹿傳霖 九月，任大學士，爲體仁閣大學士。十一月，改東閣大學士。 陸潤庠 九月，任大學士。十一月，爲體仁閣大學士。	世續 那桐 鹿傳霖 七月，卒。 陸潤庠 八月，改東閣大學士。 徐世昌 八月，任大學士，爲體仁閣大學
	榮慶 鹿傳霖 九月，遷。 陸潤庠 九月，授，遷。 戴鴻慈 十一月，授。	榮慶 戴鴻慈 正月，卒。 徐世昌 正月，授。八月，遷。

	宣統三年 辛亥
士。	世續 那桐 陸潤庠 徐世昌
	榮慶 李殿林

清史稿卷一百七十六

表十六

軍機大臣年表一

軍機處名不師古，而絲綸出納，職居密勿。初祇秉廟謨商戎略而已，厥後軍國大計，罔不總攬。自雍、乾後百八十年，威命所寄，不於內閣而於軍機處，蓋隱然執政之府矣。今詳著其人，庶後之考心腹股肱之佐，而究其時政化隆汙消長之跡者，以覽觀焉。作軍機大臣表。

雍正七年　己酉　六月，始設軍機房。

怡親王允祥　六月癸未，命密辦軍需一應事宜。十月，賜加儀仗一倍。

張廷玉　六月癸未，以太子太保、保和殿大學士，命密辦軍需一應事宜。十月，晉少保。

蔣廷錫　六月癸未，以文華殿大學士，命密辦軍需事宜。十月，加太子太傅。

八年　庚戌

怡親王允祥　三月，病。五月辛未，薨。

張廷玉　十月，以贊襄機務周詳妥協，賜一等阿達哈哈番世職。

蔣廷錫　十月，以贊襄機務周詳妥協，賜一等阿達哈哈番世職。

馬爾賽　五月丁卯，以世襲一等公、武英殿大學士，命與張廷玉、蔣廷錫詳議軍行事宜。十月，以贊襄機務周詳妥協，賜一等阿達哈哈番世職。

九年　辛亥

馬爾賽　三月，晉襲一等忠達公。七月甲戌，授撫遠大將軍。八月，啓行。出。

張廷玉

蔣廷錫

十年　壬子　三月，改軍機房稱辦理軍機處。

張廷玉

蔣廷錫　閏五月，病。七月，卒。

鄂爾泰　二月，以少保、三等男、保和殿大學士辦理軍機事務。旋晉一等伯。七月，命往肅州經略西路軍務。

哈元生　十月，以召覲貴州提督在辦理軍機處行走。旋命回籍省親。十一月，貴州苗叛，命回任。出。

十一年　癸丑

鄂爾泰　正月，轉命經略北路軍務。六月，還。

張廷玉　十月，給假還籍。

馬蘭泰　二月己未，以一等英誠侯、領侍衛內大臣、蒙古都統在辦理軍機處行走。四月戊午，仍命往軍前督兵操演。出。

班第　十一月，以理藩院右侍郎在辦理軍機處行走。

訥親　十一月甲辰，以三等果毅公、御前大臣、鑾儀使在辦理軍機處行走。

平郡王福彭　四月，以右宗正在辦理軍機處行走。七月戊子，授定邊大將軍。出。

十二年　甲寅

鄂爾泰

張廷玉　在假。二月，還。

訥親

班第

十三年　乙卯　十月，罷辦理軍機處，由總理事務處兼理。

鄂爾泰　五月，命兼值辦理苗疆事務處。七月乙卯，降三等男，解職。八月己丑，起原官，命總理事務。十月，晉一等子。甲午，裁辦理軍機處。

張廷玉　五月，命兼值辦理苗疆事務處。八月，命總理事務。十月甲午，裁辦理軍機處。

訥親　八月，授滿洲都統。十月，授領侍衞內大臣。甲午，裁辦理軍機處，命協辦總理事務。

班第　八月庚寅，改在總理事務處差委辦事。

索柱　以內閣學士辦理軍機事務。八月庚寅，命改在總理事務處差委辦事。

豐盛額　以一等英誠公、都統辦理軍機事務。十月甲午，裁辦理軍機處，命回本任。

海望　以內大臣、戶部左侍郎辦理軍機事務。九月，遷戶部尚書。十月甲午，裁辦理軍機處，命協辦總理事務。

莽鵠立　以兼管理藩院侍郎、滿洲都統辦理軍機事務。十月甲午，裁辦理軍機處，命回本任。

納延泰　以理藩院左侍郎辦理軍機事務。十月甲午，裁辦理軍機處，命在總理事務處差委辦事。

徐本　十月辛巳，以協辦大學士、刑部尚書在辦理軍機處行走。甲午，裁辦理軍機處，命協辦總理事務。

乾隆元年　丙辰　總理事務處。

鄂爾泰

張廷玉

訥親

班第

二年　丁巳十一月，復辦理軍機處。

鄂爾泰十一月辛巳，仍以少保、一等子、保和殿大學士爲辦理軍機大臣。十二月，晉三等伯。

張廷玉十一月辛巳，仍以少保、三等子、保和殿大學士爲辦理軍機大臣。十二月，晉三等伯。

訥親十一月辛巳，仍以一等果毅公、兵部尚書爲辦理軍機大臣。

海望十一月辛巳，仍以戶部尚書爲辦理軍機大臣。

納延泰十一月辛巳，仍以刑部左侍郎爲辦理軍機大臣。

班第十一月辛巳，仍以理藩院左侍郎爲辦理軍機大臣。

三年　戊午

鄂爾泰

張廷玉

訥親十二月，轉吏部尚書。

海望

納延泰四月，遷理藩院尚書。

班第四月，轉兵部右侍郎。

徐本是年仍以東閣大學士爲辦理軍機大臣。

四年　己未

鄂爾泰　五月，晉太保。

張廷玉　五月，晉太保。

徐本　五月，加太子太保。

訥親　五月，加太子太保。

海望　五月，加太子少保。

納延泰

班第　七月丙寅，授湖廣總督。出。

五年　庚申

鄂爾泰

張廷玉

徐本

訥親

海望

納延泰

六年　辛酉

鄂爾泰

張廷玉

徐本

訥親

海望

納延泰

班第　正月乙酉，復以原任湖廣總督在軍機處行走。三月，授兵部尚書。

七年　壬戌

鄂爾泰

張廷玉

徐本

訥親

海望

班第

納延泰

八年癸亥

鄂爾泰

張廷玉

徐本

訥親

海望

班第

納延泰

九年甲子

鄂爾泰

張廷玉

徐本六月己酉，致仕。

訥親正月，差赴江、浙、魯、豫勘事。七月，還。

海望

班第

納延泰

十年　乙丑

鄂爾泰　正月，病。三月，晉太傅。四月，卒。

張廷玉

訥親　三月，協辦大學士。五月，授保和殿大學士。

海望　十二月乙卯，以精力漸衰罷。

班第

納延泰

傅恆　六月己酉，以戶部右侍郎在軍機處行走。

汪由敦　十月戊午，以刑部尚書在軍機處行走。

高斌　十二月乙卯，以太子太保、協辦大學士、吏部尚書在軍機處行走。

蔣溥　十二月乙卯，以吏部右侍郎在軍機處行走。

十一年　丙寅

訥親

張廷玉

高斌　二月，差赴南河勘事。十一月，還。

班第　三月，差赴四川辦理軍務。七月，差赴鳳皇城勘界。九月，命署山西巡撫。十二月，召還。

汪由敦

納延泰

傅恆

蔣溥

十二年　丁卯

訥親　四月，差赴山西勘案。六月，還。

張廷玉

高斌　三月，授文淵閣大學士。四月，差赴江南勘河。九月，差赴浙江鞫案。

班第

汪由敦

納延泰　八月，差赴蘇尼特給賑。

傅恆　三月，遷工部尚書。

蔣溥

十三年 戊辰

訥親 正月，差赴浙江審案。四月，命往金川經略軍務。九月庚辰，革職。

張廷玉

高斌 三月，命轉赴山東勘事。閏七月丙辰，授江南河道總督。出。

班第 正月己亥，差赴金川辦理軍務。出。

傅恆 四月，加太子太保協辦大學士。九月，命經略金川軍務。十月，授保和殿大學士。十二月，晉太保。

汪由敦

納延泰

蔣溥 四月，遷戶部尚書。丁卯，命專辦部務。罷。

陳大受 四月丁卯，以太子少保、兵部尚書在軍機處行走。旋協辦大學士。

舒赫德 九月己卯，以戶部侍郎、漢軍都統在軍機處行走。十月，遷兵部尚書。十一月，轉戶部尚書。

來保 九月辛巳，以太子太保、武英殿大學士在軍機處行走。

尹繼善 十一月己巳，以太子少保、協辦大學士、戶部尚書在軍機處行走。甲戌，授陝甘總督。出。

十四年 己巳

傅恆　經略金川軍務。正月，封一等忠勇公。三月，還。

張廷玉　八月，晉三等勤宣伯。十一月戊辰，致仕。

來保　二月，晉太子太傅。

陳大受　二月，晉太子太保。七月，命署直隸總督。十月，還。十一月，病假。

汪由敦　二月，加太子少師。十一月，署協辦大學士。十二月，革署協辦大學士，仍留刑部尚書。

納延泰　二月，加太子少保。

舒赫德　正月，授金川參贊大臣。二月，加太子太保。十二月庚寅，復轉兵部尚書。以職務繁多，命罷。

十五年　庚午

傅恆

來保

陳大受　正月丁未，授兩廣總督。出。

汪由敦　七月，降兵部侍郎。

納延泰

劉綸　正月壬戌，以工部右侍郎在軍機處行走。

兆惠　四月庚辰，以刑部侍郎在軍機處行走，轉戶部侍郎。十一月，差赴西藏會辦善後事宜。

十六年　辛未

舒赫德 十一月丙辰，復以太子太保、兵部尚書在軍機處行走。十二月，差往江南審案。

傅恆

來保

舒赫德

納延泰

汪由敦 八月，轉戶部右侍郎。

劉綸 九月壬申，以父憂免。

兆惠 八月，命署山東巡撫。

十七年　壬申

傅恆

來保

舒赫德 正月，差赴北路軍營

納延泰

汪由敦 九月，遷工部尚書。

兆惠

班第 九月辛巳，復以都統銜在軍機處行走。旋授漢軍都統。

劉統勳 十一月甲子，以刑部尚書在軍機處行走。

十八年 癸酉

傅恆

來保

舒赫德 九月，差勘南河。十二月，差往北路辦理軍務。

劉統勳 七月，差勘河工。

汪由敦

納延泰

班第 正月，命署兩廣總督。

兆惠 二月，差赴西藏會辦事件。

劉綸 八月，以服制將闋，召來京補戶部右侍郎。尋復入直。

十九年 甲戌

傅恆

來保

舒赫德 在差。七月甲辰，以安置準部降人失策，革職。

劉統勳 正月，差勘海口。四月，加太子太傅。五月，命馳往西安協辦總督事。

汪由敦 四月，晉太子太傅。

納延泰

班第 署兩廣總督。四月，內召。七月甲辰，授兵部尚書，署定邊左副將軍。出。

兆惠 三月，差往北路協辦軍務。出。

劉綸

覺羅雅爾哈善 六月壬甲，以署戶部左侍郎在軍機處行走。十月，補兵部右侍郎。

阿蘭泰 八月戊申，以召覲盛京將軍暫在軍機處行走。壬子，命赴軍營帶兵。出。

二十年 乙亥

傅恆

來保

劉統勳 協辦西安總督事。九月丙申，革職。

汪由敦 九月，轉刑部尚書。

納延泰

劉綸　十二月，差赴浙江審案。

覺羅雅爾哈善　十月，命往北路參贊軍務。

二十一年　丙子

傅恆　四月，命往西路經理軍務。旋止行。

來保

汪由敦　六月，轉工部尚書。

納延泰　八月癸卯，差赴北路軍營。出。

劉綸　四月癸亥，命回部辦事，罷直。

覺羅雅爾哈善　三月，召還。四月癸亥，命回部辦事，罷直。

阿里袞　四月甲寅，以戶部尚書暫在軍機處行走。五月癸酉，差往西路軍營領隊。出。

裘曰修　四月癸亥，以吏部左侍郎在軍機處行走。

劉統勳　六月癸丑，起授原官，仍入直。九月，差勘銅山漫工。十月，命署江南河道總督。十一月，內召。

夢麟　八月癸卯，以工部右侍郎在軍機處學習行走。

二十二年　丁丑

傅恆

來保

劉統勳 四月，差赴徐州督修石壩。五月，轉差雲南勘獄。十一月，差赴山西勘獄。十二月，加太子太保。

汪由敦 正月，轉吏部尚書。

裘曰修

夢麟 正月，差赴江南、山東勘事。九月，轉戶部右侍郎。尋還直。

二十三年 戊寅

傅恆

來保

劉統勳 正月，轉吏部尚書。五月，內召。

汪由敦 正月甲寅，卒。

裘曰修 十二月癸亥，以事免。

夢麟 四月，仍轉工部右侍郎。八月，卒。

三泰 正月己酉，以吏部左侍郎在軍機處行走。四月，轉戶部左侍郎。七月己巳，授庫車參贊大臣。出。

劉綸 正月己酉，復以戶部左侍郎在軍機處行走。

二十四年　己卯

傅恆

來保

劉統勳　正月，協辦大學士。二月，差赴西安勘獄。六月，差赴山西勘獄。

劉綸　閏六月，遷左都御史。

二十五年　庚辰

傅恆

來保

劉統勳　八月，差赴江南勘事。十月，轉赴江西勘事。十二月，內召。

劉綸

富德　二月乙巳，以一等成勇靖遠侯、領侍衞內大臣、都統在軍機處行走。三月，授理藩院尚書。

兆惠　二月，仍以一等武毅謀勇公、戶部尚書入直。

阿里袞　七月甲寅，仍以襲封一等果毅公、兵部尚書入直。

于敏中　八月己亥，以戶部右侍郎在軍機處行走。十一月，轉左侍郎。

二十六年　辛巳

傅恆

來保

劉統勳 五月，授東閣大學士。八月，命督辦河南楊橋漫工。十月，內召。

兆惠 七月，協辦大學士。

阿里袞

劉綸 五月，轉兵部尚書。

富德

于敏中

二十七年 壬午

傅恆

來保

劉統勳 三月，差勘高、寶河入江水道。四月，轉勘德州運河。

兆惠

阿里袞

劉綸

富德 九月丁亥，革職，削爵。

于敏中

二十八年　癸未

傅恆

來保

劉統勳

兆惠 十月，加太子太保。

阿里袞 六月，命署陝西巡撫。十月，加太子太保。

劉綸 五月，轉戶部尚書。六月，協辦大學士。十月，加太子太保。

于敏中

阿桂 正月壬申，以工部尚書在軍機處行走。四月，差赴歸化城、西寧等處勘事。十月，加太子太保。

二十九年　甲申

傅恆

來保 三月，卒。

劉統勳

兆惠十一月，卒。

劉綸

阿里衮六月，還直。十一月，轉戶部尚書、協辦大學士。

阿桂三月，署四川總督。十二月，還。

于敏中

三十年　乙酉

傅恆

劉統勳

劉綸正月癸丑，憂免。

阿里衮

阿桂閏二月，以烏什回亂，命往伊犂辦事。出。

于敏中正月，還戶部尚書。

尹繼善九月，復以太子太保、文華殿大學士入直。

三十一年　丙戌

傅恆

尹繼善

劉統勳

阿里衮

于敏中

三十二年　丁亥

傅恆

尹繼善

劉統勳

阿里衮

于敏中

劉綸　三月，服闋。五月，仍以太子太保、協辦大學士入直。

三十三年　戊子

傅恆　二月，命往雲南經略征緬軍務。未行。

尹繼善

劉統勳　四月，差勘江南清口疏濬事宜。

阿里衮 正月壬子，命往雲南參贊軍務。出。

劉綸

于敏中 八月，加太子太保。

福隆安 二月丙戌，以和碩額駙、兵部尚書在軍機處學習行走。四月，轉工部尚書。

索琳 十一月癸卯，以署戶部右侍郎在軍機處行走。

三十四年 己丑

傅恆 二月，往雲南經略軍務。

尹繼善

劉統勳 九月，差勘挑濬運河事宜。

劉綸

于敏中

福隆安

索琳 二月，補戶部右侍郎。

三十五年 庚寅

傅恆 經略征緬軍務。三月，還。七月，卒。

尹繼善

劉統勳

劉綸

于敏中

福隆安　七月，穿孝給假。十月，襲封一等忠勇公。

索琳　十二月，差赴土默特鞫獄。

溫福　閏五月己未，以吏部侍郎在軍機處行走。七月，遷理藩院尚書。

豐昇額　八月丙戌，以襲封一等果毅公、署兵部尚書在軍機處學習行走。

三十六年　辛卯

尹繼善　四月，卒。

劉統勳

劉綸　二月，授文淵閣大學士。

于敏中　二月，協辦大學士。

福隆安

溫福　五月己巳，命往雲南署定邊右副將軍。出。

豐昇額

索琳 三月癸卯，降爲軍機司員。免。

桂林 四月甲戌，以戶部右侍郎在軍機處學習行走。九月己酉，命往四川會辦軍務。出。

慶桂 九月癸卯，以理藩院侍郎在軍機處學習行走。

三十七年 壬辰

劉統勳

劉綸

于敏中

福隆安 五月，差赴四川勘事。尋還直。

豐昇額 三月，命往四川參贊軍務。出。

慶桂

福康安 五月辛丑，以戶部侍郎在軍機處學習行走。十二月癸酉，命往四川領隊。出。

三十八年 癸巳

劉統勳 十一月辛未，卒。

劉綸 六月，卒。

于敏中

福隆安 四月，加太子太保。

慶桂 四月辛亥，授伊犂參贊大臣。出。

索琳 四月庚戌，復以署禮部侍郎在軍機處學習行走。十月，補內閣學士。旋差赴歸化城勘事。出。

舒赫德 七月甲子，復以太子太保、武英殿大學士入直。

袁守侗 九月丙子，以刑部左侍郎在軍機處學習行走。十月，差赴浙江勘事。

梁國治 十一月壬申，以湖南巡撫內召，在軍機處行走。十二月，署禮部左侍郎。

三十九年 甲午

于敏中

舒赫德 九月，命赴山東勦賊。尋還直。

福隆安

袁守侗 二月，差赴四川勘事。十月，差赴貴州勘事。十二月，轉吏部右侍郎。

梁國治 六月，補戶部左侍郎。

阿思哈 七月乙亥，以左都御史在軍機處行走。九月，差赴山東勦賊。

四十年 乙未

于敏中

舒赫德

福隆安

阿思哈 十月，差赴青海勘事。

袁守侗 八月，差赴貴州勘事。

梁國治

四十一年 丙申

于敏中 正月，賜世職。

舒赫德

福隆安 正月，轉兵部尚書。

阿思哈 正月庚寅，授漕運總督。出。

袁守侗 三月，遷戶部尚書。

梁國治

和珅 三月庚子，以戶部右侍郎在軍機處行走。

阿桂 四月辛亥，復以太子太保、一等誠謀英勇公、協辦大學士、吏部尚書在軍機處行走。

豐昇額 四月，還，仍以太子少保、一等果毅公、戶部尚書入直。
福康安 四月，還，仍以三等嘉勇男、戶部左侍郎入直。
明亮 十二月丙午，以入覲一等襄勇伯、成都將軍暫在軍機處行走。旋命還四川本任。出。

四十二年 丁酉

于敏中
舒赫德 四月丁巳，卒。
阿桂 正月，命赴雲南受降。五月，授武英殿大學士。七月，還。
福隆安 十一月，差赴盛京勘事。十二月，還。
豐昇額 十月，卒。
袁守侗 十一月，轉刑部尚書。
梁國治 十一月，遷戶部尚書。
和珅 六月，轉戶部左侍郎。十月，兼步軍統領。
福康安 六月乙卯，授吉林將軍。出。

四十三年 戊戌

于敏中

阿桂

福隆安

袁守侗

梁國治

和珅

李侍堯 六月癸巳，以入覲太子太保、二等昭信伯、武英殿大學士、雲貴總督暫在軍機處行走。尋還總督本任。出。

四十四年 己亥

于敏中 十二月丁巳，卒。

阿桂 正月，差勘南河壩工。

福隆安 三月，差赴眞定勘事。尋還直。

袁守侗 四月戊寅，授山東河道總督。出。

梁國治

和珅 八月，授御前大臣。

董誥 十二月甲寅，以戶部左侍郎在軍機處行走。

四十五年 庚子
阿桂 四月，還。十二月，差勘浙江海塘。
福隆安
梁國治
和珅 正月，差赴雲南勘事。三月，遷戶部尚書。五月，還。
董誥
福長安 正月丙午，以署工部右侍郎在軍機處學習行走。二月，授戶部右侍郎。

四十六年 辛丑
阿桂 三月，命轉赴甘肅勦叛回。八月，命回途赴豫勘河。十月，命赴浙讞獄。十二月，還。
福隆安
梁國治
和珅 三月，差赴甘肅勦逆回。五月，還。
董誥
福長安

四十七年 壬寅

阿桂

福隆安

梁國治 八月，加太子少傅。

和珅 四月，差赴山東勘事。八月，加太子太保。

董誥

福長安 四月，差赴奉天勘事。九月，差赴浙江勘事。十二月，還。

四十八年 癸卯

阿桂 正月，差勘河工。四月，還。

福隆安

梁國治 七月，協辦大學士。

和珅

董誥

福長安 七月，轉戶部左侍郎。

福康安 五月庚戌，復以太子太保、三等嘉勇男、署工部尚書在軍機處行走。十二月，差赴廣東勘事。

四十九年 甲辰

阿桂五月，命討固原叛回。八月，還。尋差督辦河工。十二月，還。

梁國治

福隆安三月己酉，卒。

和珅七月，轉吏部尚書、協辦大學士。九月，封一等男。

福康安閏三月，轉兵部尚書。五月戊辰，授陝甘總督。出。

福長安

董誥

慶桂五月丁巳，復以工部尚書在軍機處行走。旋轉兵部尚書。十一月，差赴山東等處勘事。

五十年　乙巳

阿桂八月，差赴江南勘河。十一月，還。

梁國治五月，授東閣大學士。

和珅

慶桂九月己酉，命署陝甘總督。

福長安

董誥

五十一年　丙午

阿桂四月，差赴江南籌辦河工。十月，還。

梁國治十二月壬子，卒。

和珅閏七月，授文華殿大學士。

慶桂九月，內召。十二月，還。

福長安閏七月，遷戶部尙書。

董誥

王杰十二月壬子，以兵部尙書在軍機處行走。

五十二年　丁未

阿桂六月，差赴睢州籌辦河工。十月，命轉勘江南高堰河工。

和珅

慶桂十一月，差赴湖北勘事。十二月，命署盛京將軍。

福長安十二月，轉工部尙書。

王杰正月，授東閣大學士。

董誥正月，遷戶部尙書。

五十三年 戊申

阿桂 正月，還。七月，差赴荆州勘水。十月，還。

和珅 二月，晉三等忠襄伯。

王杰

慶桂 十月，命署吉林將軍。

董誥

福長安

五十四年 己酉

阿桂 四月，差赴荆州勘工。八月，還。

和珅

王杰

慶桂 四月，命署烏里雅蘇臺將軍。

董誥

福長安

孫士毅 六月庚午，以太子太保、兵部尚書在軍機處行走。十一月癸巳，命署四川總督。出。

五十五年　庚戌

阿桂

和珅 正月，賜用黄帶。

王杰 十一月，加太子太保。

慶桂

董誥 十一月，加太子少保。

福長安 十一月，加太子少保。

五十六年　辛亥

阿桂

和珅

王杰

慶桂 三月，丁母憂，給假。

董誥

福長安 十月，轉戶部尚書。

五十七年　壬子

阿桂

和珅

王杰

福長安

慶桂　十二月，差赴浙江鞫案。

董誥

五十八年　癸丑

阿桂

和珅

王杰

福長安

慶桂　四月己卯，授荆州將軍。出。

董誥

松筠　四月庚寅，以戶部左侍郎在軍機處行走。九月，差送英吉利貢使馬嘎爾呢赴粵。

五十九年　甲寅

阿桂

和珅

王杰

福長安

董誥

松筠 正月丁酉，差赴盛京勘案。旋命署吉林將軍。出。

六十年 乙卯

阿桂

和珅

王杰

福長安

董誥

台布 九月庚申，以內閣學士在軍機處學習行走。旋遷工部左侍郎。

嘉慶元年 丙辰

阿桂

和珅

王杰 十月，病假。

福長安

董誥 十月，授東閣大學士。

台布 六月，轉戶部右侍郎。

沈初 十月己卯，以左都御史在軍機處學習行走。十一月，差赴浙江、江西勘事。旋還兵部尚書。

二年 丁巳

阿桂 八月丁巳，卒。

和珅

王杰 閏六月壬戌，罷。

董誥 二月，憂免。

福長安

沈初 三月，轉吏部尚書。八月，轉戶部尚書。

台布 正月丙午，命署江西巡撫。出。

傅森 閏六月壬戌，以兵部右侍郎在軍機處學習行走。十月，轉戶部右侍郎。

戴衢亨　閏六月壬戌，以侍講學士加三品卿銜，在軍機處學習行走。

吳熊光　閏六月壬戌，以通政使司參議加三品卿銜在軍機處學習行走。十二月壬戌，授直隸布政使。出。

三年　戊午

和珅　八月，晉一等忠襄公。

福長安　八月，封侯。

沈初

傅森　二月乙卯，命回部辦事。罷直。

戴衢亨　正月，遷內閣學士。二月，遷禮部右侍郎。七月，轉戶部右侍郎。

那彥成　二月乙卯，以內閣學士在軍機處學習行走。五月，遷工部右侍郎。

四年　己未

和珅　正月丁卯，革職，逮獄。

福長安　正月丁卯，革職，逮獄。

沈初　正月丁卯，以年老罷直。

戴衢亨　正月丁卯，申命仍留軍機處行走。

那彥成　正月丁卯，申命仍留軍機處行走。旋轉戶部右侍郎，遷工部尙書。八月，加欽差大臣，赴陝西督辦軍務。

成親王永瑆 正月丁卯，命在軍機處行走。旋署戶部尚書。十月丁未，以非祖制罷直。

董誥 正月丁卯，復以太子少保、前任大學士、署刑部尚書在軍機處行走。二月，晉太子太保。五月，授文華殿大學士。九月，晉太子太傅。

慶桂 正月丁卯，復以兵部尚書在軍機處行走。旋轉刑部尚書、協辦大學士。二月，加太子太保。三月，授文淵閣大學士，晉太子太傅。

傅森 十月丁未，復以兵部尚書在軍機處行走。

五年 庚申

慶桂

董誥

傅森 三月，差赴盛京勘事。四月，還。

那彥成 督辦陝西軍務。閏四月戊辰，以辦賊不力，免直。

戴衢亨 正月，轉戶部左侍郎。

六年 辛酉

慶桂

董誥

傅森 正月，轉戶部尚書。二月，卒。

戴衢亨

成德 二月癸酉，以戶部尚書在軍機處學習行走。

七年 壬戌

慶桂 十二月，賜世職。

董誥 十二月，賜世職。

成德 三月，卒。

戴衢亨 七月，遷兵部尚書。十二月，加太子少保，賜世職。

劉權之 六月甲寅，以吏部尚書在軍機處學習行走。

德瑛 六月甲寅，以刑部尚書在軍機處學習行走。

八年 癸亥

慶桂

董誥

劉權之

戴衢亨 六月，轉工部尚書。

德瑛

九年 甲子

慶桂

董誥

劉權之 六月，轉兵部尚書。

戴衢亨

德瑛 正月，差赴山東勘事。六月戊辰，轉吏部尚書，命專管部務。罷直。

那彥成 六月戊辰，復以禮部尚書在軍機處行走。乙亥，命署陝西總督。出。

英和 六月戊辰，以太子少保、戶部左侍郎在軍機處學習行走。

十年 乙丑

慶桂

董誥

劉權之 二月，轉禮部尚書、協辦大學士。六月辛巳，降級，免直。

戴衢亨 正月，轉戶部尚書。

英和 六月辛巳，以事革宮銜，降級，免直。

托津 閏六月壬午，以吏部左侍郎在軍機處學習行走。九月，差赴湖北、廣東勘事。

十一年 丙寅

慶桂

董誥

戴衢亨

托津 正月，轉戶部左侍郎。四月，差赴河南讞獄。十二月，差赴天津讞獄。

十二年 丁卯

慶桂 三月，賜用紫轡。

董誥

戴衢亨 五月，協辦大學士。

托津 七月，差赴熱河讞獄。

十三年 戊辰

慶桂

董誥

戴衢亨　三月，差赴南河勘工，並給假歸籍省墓。

托津　十月，差勘南河海口。

英和　閏五月丙寅，復以工部左侍郎暫在軍機大臣上學習行走。尋罷直。

十四年　己巳

慶桂　正月，晉太子太師。

董誥　正月，晉太子太師。

戴衢亨　正月，晉太子少師。七月，轉工部尚書。

托津　正月，差赴江蘇讞獄。八月，差赴浙江按事。

十五年　庚午

慶桂

董誥

戴衢亨　五月，授體仁閣大學士。

托津　正月，差赴山西勘事。二月，遷工部尚書。旋差赴四川勘事。五月，轉戶部尚書。六月，還。十一月，差赴揚州勘事。

十六年　辛未

慶桂

董誥

戴衢亨 四月，卒。

托津 正月，暫署兩江總督。六月，加太子少保。

方維甸 四月己酉，召原任閩浙總督爲軍機大臣。以母病不至。癸酉，許在籍終養。

盧蔭溥 七月戊寅，以光祿寺少卿加四品卿銜在軍機大臣上學習行走。旋遷通政司副使。

十七年 壬申

慶桂 正月，晉太保。九月甲午，以年老罷直。

董誥 正月，晉太保。

托津

盧蔭溥 十一月，轉通政司正使。十二月，遷內閣學士。

松筠 九月甲午，復以太子少保、協辦大學士、吏部尚書在軍機大臣上行走。十月，差赴南河勘事。

十八年 癸酉

董誥

松筠 正月乙亥，罷直。

托津　九月，協辦大學士。十月，差赴河南勘事。十二月，還。

盧蔭溥　三月，遷兵部右侍郎。八月，轉左侍郎。九月，轉戶部左侍郎。

勒保　正月乙亥，以太子太保、一等威勤伯、武英殿大學士在軍機大臣上行走。十月，病假。

桂芳　十月甲寅，以戶部右侍郎暫在軍機大臣上學習行走。

十九年　甲戌

董誥

勒保　閏二月甲子，乞病，罷直。

托津　八月，授東閣大學士。九月，晉太子太保。十一月，差赴江南勘事。

盧蔭溥　九月，差赴河南勘事。十一月，還。

桂芳　閏二月，差往廣西勘事。三月癸卯，授漕運總督。出。

英和　十一月丁未，復以吏部尚書暫在軍機大臣上行走。尋罷直。

二十年　乙亥

董誥

托津

盧蔭溥

二十一年　丙子

董誥

托津　六月，差赴天津勘事，暫署直隸總督。旋還。

盧蔭溥　六月，轉戶部右侍郎。

章煦　十月己亥，以太子少保、協辦大學士、禮部尙書在軍機大臣上行走。十一月，轉刑部尙書。

二十二年　丁丑

董誥

托津

章煦　二月，病假。三月辛未，罷。

盧蔭溥　三月，遷禮部尙書，轉兵部尙書。六月，加太子少保。九月，轉戶部尙書。

二十三年　戊寅

董誥　二月乙亥，致仕。

托津

盧蔭溥

戴均元　二月辛未，以太子少保、協辦大學士、吏部尙書在軍機大臣上學習行走。

和瑛　二月辛未，以太子少保、兵部尚書在軍機大臣上學習行走。三月，差赴保定勘事。

二十四年　己卯

托津　正月，賜用紫韁。

戴均元　十月，差赴河南勘事。

盧蔭溥

和瑛　正月丁巳，轉刑部尚書，命專任部務。罷直。

文孚　正月丁巳，以刑部右侍郎在軍機大臣上學習行走。六月，差赴江南勘事。

二十五年　庚辰

托津　九月庚申，以撰遺詔錯誤免直。

戴均元　二月，授文淵閣大學士，晉太子太保。九月庚申，以撰遺詔錯誤免直。

盧蔭溥　九月，以撰遺詔錯誤降級留任，仍在軍機大臣上行走，轉工部尚書。

文孚　二月，差赴甘肅勘事。三月，轉戶部左侍郎。九月，以撰遺詔錯誤降級留任，仍在軍機大臣上行走，轉工部右侍郎。十一月，遷左都御史。

曹振鏞　九月庚申，以太子太保、體仁閣大學士在軍機大臣上行走。

黃鉞　九月庚申，以太子少保、戶部尚書在軍機大臣上行走。

英和　九月庚申，復以吏部尚書在軍機大臣上行走。十月，轉戶部尚書。十二月乙巳，以言事忤旨免直。

清史稿卷一百七十七

表十七

軍機大臣年表二

道光元年　辛巳

曹振鏞　三月，晉太子太傅。五月，轉授武英殿大學士。

盧蔭溥　十二月癸巳，轉吏部尚書兼管順天府尹，以事繁罷直。

黄鉞

文孚　正月，轉禮部尚書。

松筠　八月丁亥，復以吏部尚書在軍機大臣上行走。九月，差赴浙江勘事。

二年　壬午

曹振鏞

松筠正月，命署直隸總督。閏三月，還。六月壬午，以事降級，免直。

黃鉞

文孚三月，轉工部尚書。閏三月，差赴陝西勘獄。六月，轉吏部尚書。

三年　癸未

曹振鏞

文孚二月，差赴文安勘事。

黃鉞

長齡正月乙未，以太子少保、文華殿大學士在軍機大臣上行走。

四年　甲申

長齡十二月己卯，授雲貴總督。出。

曹振鏞

文孚四月，加太子少保。十一月，差勘南河漫口。尋還。

黃鉞

玉麟十一月甲寅，以兵部尚書在軍機大臣上行走。

五年　乙酉

曹振鏞

文孚

黃鉞 五月丁酉，乞老，命專辦部務。罷直。

玉麟

王鼎 五月丁酉，以一品銜署戶部左侍郎、服闋左都御史在軍機大臣上行走。六月，差主浙江鄉試。十一月，還直，署工部左侍郎。

蔣攸銛 十一月庚子，以太子少保、體仁閣大學士在軍機大臣上行走。

六年 丙戌

曹振鏞

蔣攸銛

文孚

玉麟

王鼎 六月，差赴山西勘事。九月，授戶部尚書。

七年 丁亥

曹振鏞 七月，晉太子太師。

蔣攸銛　三月，差赴江南勘河。五月丙戌，授兩江總督。出。

文孚　七月，晉太子太保。

玉麟　七月，加太子少保。

王鼎　七月，加太子少保。

穆彰阿　五月丁亥，以工部尚書在軍機大臣上學習行走。

八年　戊子

曹振鏞　正月，晉太傅，賜用紫韁。

文孚　正月，晉太子太傅，賜用紫韁。二月，差赴黑龍江勘事。

玉麟　正月，晉太子太保。

王鼎　正月，賜戴花翎。

穆彰阿　正月，加太子少保，去「行走上學習」字。

九年　己丑

曹振鏞

文孚

玉麟　六月甲戌，授伊犂將軍。出。

王鼎

穆彰阿

十年　庚寅

曹振鏞

文孚

王鼎　十月，差赴江南勘事。

穆彰阿

十一年　辛卯

曹振鏞

文孚　十二月，協辦大學士。

王鼎　二月，命署直隸總督。四月，還。

穆彰阿　七月，差赴江南勘賑。八月，轉兵部尚書。十月，還。十二月，仍轉工部尚書。

十二年　壬辰

曹振鏞

文孚

王鼎

穆彰阿 九月，差赴江南勘事。

十三年 癸巳

曹振鏞

文孚

王鼎

穆彰阿 四月，還。五月，轉戶部尚書。

十四年 甲午

曹振鏞

文孚 十一月，授東閣大學士。

王鼎

穆彰阿 十一月，轉吏部尚書、協辦大學士。

潘世恩 正月丁亥，以體仁閣大學士在軍機大臣上行走。

十五年 乙未

曹振鏞 正月癸亥，卒。

文孚 二月，轉授文淵閣大學士。四月，差勘東河。七月甲辰，以重聽自乞罷直。

潘世恩 二月，轉授東閣大學士。

穆彰阿

王鼎 二月，協辦大學士。

趙盛奎 七月甲辰，以刑部右侍郎在軍機大臣上學習行走，時差往湖北等處按獄。八月，轉戶部左侍郎。

賽尚阿 七月甲辰，以工部右侍郎在軍機大臣上學習行走。

十六年 丙申

潘世恩

穆彰阿 七月，授武英殿大學士。

王鼎

趙盛奎 六月，內召。七月庚子，以事降級，免直。

賽尚阿 十一月，轉戶部右侍郎。

十七年 丁酉

穆彰阿 三月，命署直隸總督。七月，還。

潘世恩 正月，加太子太保。

王鼎

賽尚阿 七月壬午，授察哈爾都統。出。

奎照 六月戊午，以左都御史在軍機大臣上學習行走。

文慶 六月戊午，以戶部左侍郎在軍機大臣上學習行走。

十八年 戊戌

穆彰阿 五月，轉授文華殿大學士。八月，丁母憂給假。尋仍入直。

潘世恩 五月，轉授武英殿大學士。

王鼎 五月，授東閣大學士。

奎照 正月，去「行走上學習」字。七月，轉禮部尚書。

文慶 正月，去「行走上學習」字。

十九年 己亥

穆彰阿

潘世恩

王鼎

奎照 正月壬戌，以體弱罷直。

文慶 十二月丙戌，罷直。

隆文 十二月癸未，以刑部尚書在軍機大臣上行走。

二十年 庚子

穆彰阿

潘世恩

王鼎 正月，晉太子太保。

隆文 正月，轉戶部尚書。

何汝霖 三月丙申，以大理寺少卿加三品銜在軍機大臣上學習行走。旋遷宗人府府丞。

二十一年 辛丑

穆彰阿

潘世恩

王鼎 七月，差赴東河督辦大工。八月，暫署河道總督。

隆文 正月甲午，命赴廣東參贊軍務。出。

何汝霖 十二月，遷左副都御史。

賽尚阿 正月乙未，復以理藩院尚書在軍機大臣上行走。旋差赴天津會勘防務。五月，轉工部尚書。十月，再差赴天津勘視海口防具。十一月，還。

祁寯藻　九月己未，以戶部尚書在軍機大臣上行走。

二十二年　壬寅

穆彰阿　二月，差赴天津會辦防務。尋還直。

潘世恩

王鼎　二月，河工竣，晉太子太師。三月，還。四月戊申，卒。

祁寯藻

賽尚阿　五月，授欽差大臣赴天津防堵。七月，撤防還直。

何汝霖　五月，遷兵部右侍郎，去「行走上學習」字。十一月，轉戶部右侍郎。

二十三年　癸卯

穆彰阿

潘世恩

祁寯藻

賽尚阿

何汝霖　六月，差赴東河勘工。九月，還。

二十四年　甲辰

穆彰阿

潘世恩

祁寯藻

賽尚阿

何汝霖　十二月，轉戶部左侍郎。

二十五年　乙巳

穆彰阿

潘世恩

祁寯藻

賽尚阿　二月，轉戶部尚書。

何汝霖　四月，遷兵部尚書。

二十六年　丙午

穆彰阿

潘世恩

賽尚阿　正月，差赴江南勘視江防。六月，還。

祁寯藻

何汝霖

二十七年　丁未

穆彰阿

潘世恩

賽尚阿

祁寯藻

何汝霖　五月丙戌，以母憂免。

文慶　五月丁亥，復以兵部尚書在軍機大臣上行走。九月，差赴河南勘賑。

陳孚恩　五月丁亥，以署兵部左侍郎在軍機大臣上行走。尋差赴山東勘事。十一月，署山東巡撫。旋轉刑部右侍郎。十二月，還。

二十八年　戊申

穆彰阿

潘世恩　正月，晉太傅，賜用紫韁。

賽尚阿
祁寯藻
文慶 二月壬子，轉吏部尚書兼總管內務府大臣，命罷直。
陳孚恩
二十九年 己酉
穆彰阿
潘世恩 十月甲申，以年老罷直。
賽尚阿
祁寯藻 七月，協辦大學士。十月，差赴蘭州勘事。
陳孚恩 閏四月，差赴山西勘事。六月，還。七月，轉工部左侍郎。十二月，遷刑部尚書。
何汝霖 九月戊午，復以一品銜署禮部左侍郎、服闋兵部尚書在軍機大臣上行走。十月，署戶部尚書。
季芝昌 九月戊申，以原任山西巡撫、署吏部右侍郎在軍機大臣上行走。十二月，授戶部左侍郎。
三十年 庚戌
穆彰阿 十月丙戌，革職。
祁寯藻 二月，還。六月，授體仁閣大學士。

賽尙阿　十月，協辦大學士。
何汝霖　五月，授禮部尙書。
陳孚恩　五月庚戌，乞養，罷。
季芝昌　六月，遷左都御史。

咸豐元年　辛亥

祁寯藻
賽尙阿　正月，授文華殿大學士。三月，加欽差大臣，督辦廣西軍務。
何汝霖
季芝昌　五月乙巳，授閩浙總督。出。
穆蔭　三月丙申，以候補五品京堂、內閣侍讀在軍機大臣上學習行走。十二月，授國子監祭酒。
舒興阿　四月己未，以戶部左侍郎在軍機大臣上行走。閏八月辛亥，署陝甘總督。出。
彭蘊章　五月壬子，以工部右侍郎在軍機大臣上行走。

二年　壬子

賽尙阿　督辦廣西軍務。九月己酉，革職。
祁寯藻　三月，加太子太保。

何汝霖 正月，以腿病乞假。三月丁卯，許罷直。

彭蘊章

穆蔭 二月，遷光祿寺卿，再遷內閣學士。

邵燦 五月癸亥，以吏部左侍郎在軍機大臣上行走。

麟魁 五月癸亥，以戶部右侍郎在軍機大臣上行走。七月，遷工部尚書。

三年 癸丑

祁寯藻

麟魁 九月，轉禮部尚書。十月戊寅，授總管內務府大臣，命罷直。

彭蘊章 十二月，轉兵部左侍郎。

邵燦 十二月乙未，授漕運總督。出。

穆蔭 四月，署刑部左侍郎。九月，遷禮部左侍郎。十月，去「行走上學習」字。

恭親王奕訢 十月戊寅，命在軍機大臣上行走。

瑞麟 十月戊寅，以戶部右侍郎在軍機大臣上行走。尋差赴天津幫辦防勦。

杜翰 十二月丙申，以工部左侍郎在軍機大臣上行走。

四年 甲寅

恭親王奕訢
祁寯藻 八月，病假。十一月庚寅，致仕。
彭蘊章 三月，轉禮部左侍郎。五月，遷工部尙書。
瑞麟 閏七月，轉戶部左侍郎。
杜翰
穆蔭 十月，轉吏部右侍郎。

五年 乙卯

恭親王奕訢 七月壬午，以辦理皇太后喪儀疏略免直。
彭蘊章 十二月，協辦大學士。
穆蔭
瑞麟 正月，以勞賜勇號，加都統銜。二月，還。四月己未，授西安將軍。出
杜翰
文慶 七月壬午，復以戶部尙書在軍機大臣上行走。九月，協辦大學士。十二月，授文淵閣大學士。

六年 丙辰

文慶 十一月，授武英殿大學士。旋卒。

彭蘊章十一月，授文淵閣大學士。
穆蔭
杜翰
柏葰十一月壬申，以戶部尚書在軍機大臣上行走。十二月，協辦大學士。

七年丁巳
彭蘊章
柏葰
穆蔭
杜翰

八年戊午
彭蘊章九月，轉授武英殿大學士。
柏葰九月，授文淵閣大學士。十月戊辰，以順天科場之獄革職。
杜翰九月甲午，以降服憂罷直。
匡源五月戊戌，以吏部左侍郎在軍機大臣上學習行走。
文祥五月戊戌，以內閣學士署刑部左侍郎，在軍機大臣上學習行走。六月，遷禮部右侍郎。十二月，轉吏部右侍郎。

九年　己未

彭蘊章

穆蔭　十二月，轉兵部尚書。

匡源　十月，去「行走上學習」字。

文祥　十月，去「行走上學習」字，轉工部右侍郎。十一月，轉戶部左侍郎。

杜翰　十月癸卯，復以署吏部右侍郎、服闋工部左侍郎在軍機大臣上行走。

十年　庚申

彭蘊章　六月壬申，以精力漸衰罷直。

穆蔭　七月，與怡親王載垣同爲欽差大臣，赴通州籌辦撫局。八月，撤還。旋扈從熱河行在。九月，丁父憂，給假十四日，仍入直。

匡源　八月，扈從熱河行在。

文祥　八月，命留京署步軍統領。旋命兼辦軍機處鈔發各省摺奏要件。十二月，兼總理各國通商事務大臣。

杜翰　八月，扈從熱河行在。九月，署禮部右侍郎。

焦祐瀛　十月戊子，以太常寺少卿在軍機大臣上學習行走。

十一年　辛酉

穆蔭　七月，隨怡親王載垣等同稱贊襄政務大臣。九月乙卯，免直。

匡源　四月，給假回京，仍赴行在。七月，隨稱贊襄政務大臣。九月乙卯，免直。

杜翰　四月，兼署吏部左侍郎。七月，隨稱贊襄政務大臣。九月乙卯，免直。

焦祐瀛　七月，隨稱贊襄政務大臣。八月，遷太僕寺卿。九月乙卯，免直。

恭親王奕訢　十月丙辰，復以管理總理各國通商事務衙門、親王加授議政王在軍機處行走。

桂良　十月丙辰，以太子太保、文華殿大學士兼總理各國通商事務大臣，在軍機大臣上行走。

沈兆霖　十月丙辰，以戶部尚書在軍機大臣上行走。旋差赴蘭州勘事。

寶鋆　十月丙辰，以戶部右侍郎在軍機大臣上行走。旋兼總理各國通商事務大臣。

曹毓瑛　十月丙辰，以鴻臚寺少卿在軍機大臣上學習行走。旋遷大理寺卿。

文祥　十月丙辰，仍以戶部左侍郎在軍機大臣上行走。

同治元年　壬戌

恭親王奕訢　二月，兼稽察弘德殿課程。

桂良　六月壬申，卒。

沈兆霖　正月，命署陝甘總督。七月乙酉，卒。

寶鋆 正月，轉戶部左侍郎。二月，遷戶部尚書。

文祥 正月，遷左都御史。閏八月，轉工部尚書。

曹毓瑛 十月，去「行走上學習」字。

李棠階 閏八月癸巳，以左都御史在軍機大臣上行走。

二年 癸亥

恭親王奕訢

文祥

寶鋆

李棠階 二月，轉工部尚書。

曹毓瑛 正月，遷工部左侍郎。二月，轉兵部左侍郎。

三年 甲子

恭親王奕訢 七月，加賜其子一貝勒。

文祥 七月，加太子太保。

寶鋆 七月，加太子少保。

李棠階 七月，加太子少保，轉禮部尚書。

曹毓瑛 七月，賜頭品頂帶。

四年 乙丑

恭親王奕訢 三月壬寅，被劾，撤「議政王」號，免直。四月戊寅，仍命在軍機大臣上行走。

文祥 七月，差赴薊州督勦馬賊。八月，還。十月，給假迎養，命赴奉天督勦馬賊。

寶鋆

李棠階 十一月，卒。

曹毓瑛 二月，遷左都御史。十一月，轉兵部尚書。

李鴻藻 十一月壬申，以弘德殿行走、內閣學士在軍機大臣上學習行走，仍兼弘德殿。

五年 丙寅

恭親王奕訢

文祥 二月，轉吏部尚書。五月，還。

寶鋆

曹毓瑛 三月，卒。

李鴻藻 二月，遷禮部右侍郎。三月，轉戶部右侍郎，去「行走上學習」字。七月，丁母憂，給假百日治喪。十月辛丑，乞病，許罷直。

胡家玉　三月戊子，以左副都御史在軍機大臣上學習行走。七月，遷兵部左侍郎。十二月辛卯，被劾受總督官文餽金，免直。

汪元方　十月辛丑，以左都御史在軍機大臣上行走。

六年丁卯

恭親王奕訢

文祥

寶鋆

汪元方　十月，卒。

沈桂芬　十月甲午，以前任山西巡撫、署禮部右侍郎在軍機大臣上學習行走。十二月，補禮部右侍郎。

七年戊辰

恭親王奕訢　二月，捻賊逼京師，命節制入衞諸軍。

文祥

寶鋆

沈桂芬　三月，去「行走上學習」字，轉戶部左侍郎。七月，轉吏部左侍郎。

李鴻藻　六月戊午，復以服闋戶部右侍郎在軍機大臣上行走，仍直弘德殿，並署禮部左侍郎。

八年　己巳

恭親王奕訢

文祥 九月，病假。十二月，丁母憂，給假穿孝百日，假滿入直。

寶鋆

沈桂芬 六月，遷左都御史。十月，兼在總理各國通商事務衙門行走。

李鴻藻 八月，補戶部右侍郎。

九年　庚午

恭親王奕訢

文祥 二月，給假歸葬。九月，還，仍病假。

寶鋆

沈桂芬 四月，轉兵部尚書。

李鴻藻

十年　辛未

恭親王奕訢

文祥 二月，協辦大學士。

寶鋆

沈桂芬

李鴻藻 七月，遷左都御史。

十一年 壬申

恭親王奕訢 九月，賜其爵世襲罔替。

文祥 六月，授體仁閣大學士。九月，賜乘朝輿。

寶鋆 六月，轉吏部尚書。九月，晉太子太保。

沈桂芬 九月，加太子少保。

李鴻藻 八月，轉工部尚書。九月，加太子少保。

十二年 癸酉

恭親王奕訢

文祥 六月，給假歸葬。十一月，還。

寶鋆

沈桂芬

李鴻藻

十三年　甲戌

恭親王奕訢　七月晦，降郡王，奪世襲。八月朔，仍晉親王，世襲如故。

文祥　十二月，轉授武英殿大學士。

寶鋆　二月，協辦大學士。八月，轉兵部尚書。

沈桂芬

李鴻藻　十月，上有疾，代批答章奏。

光緒元年　乙亥

恭親王奕訢

文祥　十二月，病假。

寶鋆

沈桂芬　正月，協辦大學士。

李鴻藻

二年　丙子

恭親王奕訢

文祥　五月甲午，卒。

寶鋆

沈桂芬

李鴻藻　十月，兼在總理各國通商事務衙門行走。

景廉　三月丁未，以左都御史、署工部尚書在軍機大臣上學習行走。十月，兼在總理各國通商事務衙門行走。

三年　丁丑

恭親王奕訢

寶鋆

沈桂芬

李鴻藻　九月丙寅，以本生母憂免。

景廉　正月，補工部尚書，去「行走上學習」字。

四年　戊寅

恭親王奕訢

寶鋆

沈桂芬

景廉　五月，轉戶部尚書。

王文韶　二月乙酉，以前任湖南巡撫在軍機大臣上學習行走。旋署兵部左侍郎。四月，補禮部左侍郎。七月，兼在總理各國通商事務衙門行走。

五年　己卯

恭親王奕訢

寶鋆　三月，晉太子太傅。

沈桂芬　三月，晉太子太傅。

景廉

王文韶　正月，去「行走上學習」字。二月，轉戶部左侍郎。

六年　庚辰

恭親王奕訢

寶鋆

沈桂芬　十二月癸亥，卒。

景廉

王文韶

李鴻藻　正月丙子，復以服闋工部尚書、署吏部尚書在軍機大臣上行走，仍兼在總理各國通商事務衙門行走。

七年　辛巳

恭親王奕訢

寶鋆

李鴻藻　正月，補兵部尚書。六月，協辦大學士。

景廉

王文韶

左宗棠　正月壬辰，以太子太保、二等恪靖侯、東閣大學士在軍機大臣上行走，兼在總理各國通商事務衙門行走。八月，病假。九月乙未，授兩江總督。出。

八年　壬午

恭親王奕訢

寶鋆

李鴻藻　正月，轉吏部尚書。

景廉

王文韶　正月，兼署戶部尚書。十月，給假。十一月丁亥，乞養，罷。

翁同龢　十一月丁亥，以毓慶宮行走、太子少保、工部尚書在軍機大臣上行走。

潘祖蔭　十一月戊子，以太子少保、刑部尚書在軍機大臣上行走。

九年　癸未

恭親王奕訢

寶鋆

李鴻藻

景廉　六月，以事降調，仍在軍機大臣上行走。七月，補內閣學士。八月，遷吏部左侍郎。十一月，遷兵部尚書。

翁同龢

潘祖蔭　正月丙午，以父憂免。

十年　甲申

恭親王奕訢　三月戊子，命歸第養病。

寶鋆　三月戊子，休致。

李鴻藻　三月戊子，降調，免直。

景廉　三月戊子，降調，免直。

翁同龢　三月戊子，免直，仍在毓慶宮行走。

禮親王世鐸　三月戊子，命在軍機大臣上行走。己丑，奉懿旨，軍機處緊要事件，會同醇親王奕譞商辦。

額勒和布　三月戊子，以戶部尚書在軍機大臣上行走。五月，協辦大學士。九月，授體仁閣大學士。

閻敬銘　三月戊子，以戶部尚書在軍機大臣上行走，兼在總理各國通商事務衙門行走。五月，協辦大學士。

張之萬　三月戊子，以刑部尚書在軍機大臣上行走。

孫毓汶　三月戊子，以工部左侍郎在軍機大臣上學習行走。

許庚身　三月癸巳，以刑部右侍郎在軍機大臣上學習行走，命不必常川入直，並在總理各國通商事務衙門行走。八月，去「行走上學習」字。

左宗棠　五月己亥，復以太子太保、二等恪靖侯、東閣大學士在軍機大臣上行走。七月庚申，命往福建督辦軍務。出。

十一年　乙酉

禮親王世鐸

額勒和布　十一月，轉授武英殿大學士。

閻敬銘　十一月，授東閣大學士。

張之萬　十一月，協辦大學士。

許庚身　十二月，署兵部尚書。

孫毓汶　六月，去「行走上學習」字，並在總理各國通商事務衙門行走。

十二年　丙戌

禮親王世鐸

額勒和布

閻敬銘　九月丁巳，乞病，罷直。

張之萬

許庚身

孫毓汶

十三年　丁亥

禮親王世鐸

額勒和布

張之萬

許庚身　九月，轉吏部右侍郎，仍署兵部尚書。

孫毓汶

十四年　戊子

禮親王世鐸

額勒和布

張之萬

許庚身　七月，實授兵部尚書。

孫毓汶　七月，授吏部右侍郎。

十五年　己丑

禮親王世鐸　正月，賜增護衞。

額勒和布　正月，加太子太保。

張之萬　正月，授體仁閣大學士，加太子太保。

許庚身　正月，加太子少保。

孫毓汶　正月，遷刑部尚書，加太子少保。

十六年　庚寅

禮親王世鐸　是年十一月，醇親王薨。

額勒和布

張之萬

許庚身

孫毓汶

十七年 辛卯

禮親王世鐸

額勒和布

張之萬

許庚身

孫毓汶

十八年 壬辰

禮親王世鐸

額勒和布

張之萬 八月，轉授東閣大學士。

許庚身

孫毓汶 五月，病假。十月，續假。

十九年 癸巳

禮親王世鐸

額勒和布

張之萬

許庚身　十一月，卒。

孫毓汶　十二月，轉兵部尚書。

徐用儀　十二月辛亥，以總理各國通商事務大臣、吏部左侍郎在軍機大臣上學習行走。

二十年甲午

禮親王世鐸　正月，賜食雙俸，再增護衞。

額勒和布　正月，賜用紫韁。十月壬戌，免直。

張之萬　正月，賜用紫韁。十月壬戌，免直。

孫毓汶　正月，賜用紫韁。

徐用儀　正月，加太子少保。六月，去「行走上學習」字。

翁同龢　十月己酉，復以太子少保、戶部尚書在軍機大臣上行走，並會辦軍務。

李鴻藻　十月己酉，復以太子少保、禮部尚書在軍機大臣上行走，並會辦軍務。

剛毅　十月己酉，以原任廣東巡撫在軍機大臣上行走。旋以侍郎候補署禮部右侍郎。十一月，補實。十二月，轉禮部左侍郎。

恭親王奕訢 十一月庚辰，復授軍機大臣，督辦軍務。

二十一年 乙未

禮親王世鐸

恭親王奕訢

孫毓汶 五月，病假。六月甲戌，免。

翁同龢 六月，兼在總理各國通商事務衙門行走。

李鴻藻 六月，仍兼在總理各國通商事務衙門行走。

徐用儀 六月乙酉，免直。

剛毅 十月，轉戶部右侍郎。

錢應溥 六月乙酉，以禮部左侍郎在軍機大臣上行走。

二十二年 丙申

恭親王奕訢

禮親王世鐸

翁同龢

李鴻藻 七月，病假。十月，協辦大學士。旋轉吏部尚書。

剛毅　四月，遷工部尚書。

錢應溥　十月，遷左都御史。

二十三年　丁酉

恭親王奕訢

禮親王世鐸

李鴻藻　三月，病假。七月，卒。

翁同龢　八月，協辦大學士。

剛毅　七月，轉刑部尚書。

錢應溥　七月，轉工部尚書。

二十四年　戊戌

恭親王奕訢　四月壬辰，薨。

禮親王世鐸

翁同龢　四月己酉，免。

剛毅　閏三月，轉兵部尚書、協辦大學士。

錢應溥

廖壽恆 二月甲子，以太子少保、總理各國通商事務大臣、刑部尚書在軍機大臣上學習行走。八月，轉禮部尚書。

王文韶 五月丁巳，復以戶部尚書在軍機大臣上行走，仍兼總理各國通商事務衙門行走。六月，命督辦礦務鐵路事。

裕祿 五月乙亥，以原授四川總督在軍機大臣上行走。七月，署禮部尚書，兼在總理各國通商事務衙門行走。八月甲午，授直隸總督。出。

榮祿 八月甲午，以文淵閣大學士、現任直隸總督內召在軍機大臣上行走，管兵部事，仍節制北洋海陸諸軍。

啓秀 十二月甲寅，以禮部尚書在軍機大臣上行走。

二十五年 己亥

禮親王世鐸

榮祿

剛毅 四月，差赴江南各省。十一月，還直。

王文韶 十一月，協辦大學士。

錢應溥 四月，病假。五月甲寅，病罷。

啓秀

廖壽恆 十一月甲寅，免直。

趙舒翹　十一月甲寅，以總理各國通商事務大臣、刑部尚書在軍機大臣上學習行走。旋兼管順天府尹事。

二十六年　庚子

禮親王世鐸　七月，車駕西巡，未隨扈。八月，召赴行在。陳病狀，未至。

榮祿　七月，派爲留京辦事大臣。閏八月，召赴西安行在。

剛毅　三月，轉吏部尚書。五月，差赴保定一帶解散義和拳。旋召還。七月，隨扈行在。閏八月，卒。

王文韶　二月，加太子少保。七月，扈從行在。十月，授體仁閣大學士。

啓秀　五月，兼在總理各國通商事務衙門行走。七月，未隨扈。十二月庚申，革逮。

趙舒翹　五月，差赴保定一帶解散義和拳。越二日回京。七月，扈從行在。九月，革職留任。十二月壬戌，革論。

端郡王載漪　八月丙子，大同行在命爲軍機大臣。閏八月辛丑，免。

鹿傳霖　閏八月辛丑，以隨扈行在新授兩廣總督在軍機大臣上行走。旋命以尚書候補。九月，授左都御史，轉禮部尚書。十月，轉戶部尚書。

二十七年　辛丑

禮親王世鐸　七月丙寅，罷直。

榮祿　三月，兼督辦政務大臣。八月，賜用紫韁，隨扈還京。十月，加太子太保。十二月，轉授武英殿大學士。

王文韶　三月，兼督辦政務大臣。六月，兼外務部會辦大臣。八月，賜用紫韁，隨扈還京。九月，命辦理京榆鐵路事。旋署議和全權大臣。十二月，兼督辦路礦大臣，轉授文淵閣大學士。

鹿傳霖 三月，兼督辦政務大臣。

瞿鴻禨 四月甲辰，以工部尚書在軍機大臣上學習行走，兼督辦政務大臣。六月，轉外務部尚書，兼會辦大臣。九月，命辦理京榆鐵路事。十二月，兼會辦路礦大臣。旋去「行走上學習」字。

二十八年 壬寅

榮祿

王文韶

鹿傳霖

瞿鴻禨

二十九年 癸卯

榮祿 三月戊辰，卒。

王文韶 四月，轉授武英殿大學士。

鹿傳霖

瞿鴻禨 九月，命會辦財政處事務。

慶親王奕劻 三月庚午，以督辦政務大臣、外務部總理大臣爲軍機大臣。九月，命總理財政處事務。十月，總理練兵處事務。

榮慶　九月丙申，以管學大臣、戶部尚書在軍機大臣上學習行走，兼督辦政務大臣。十一月，改兼學務大臣。十二月，去「行走上學習」字。

三十年　甲辰

慶親王奕劻

王文韶

鹿傳霖

瞿鴻禨

榮慶

三十一年　乙巳

慶親王奕劻

王文韶　五月庚子，以衰老罷直。

鹿傳霖　四月，轉吏部尚書。

瞿鴻禨

榮慶　十一月，轉學部尚書。十二月，協辦大學士。

徐世昌 五月庚子，以署兵部左侍郎在軍機大臣上學習行走，兼督辦政務大臣。旋命會辦練兵事宜。六月，命出洋考察政治，未行。九月，遷巡警部尚書。十二月，去「行走上學習」字。

鐵良 七月丁酉，以會辦練兵事宜、署兵部尚書、戶部左侍郎在軍機大臣上學習行走，兼督辦政務大臣。十一月，遷戶部尚書。十二月，去「行走上學習」字。

三十二年 丙午 九月甲寅，定軍機大臣均兼會議政務大臣。

慶親王奕劻 九月甲寅，改官制，仍授軍機大臣。

鹿傳霖 九月甲寅，改官制，命專管部務，罷直。

瞿鴻禨 正月，協辦大學士。九月甲寅，改官制，仍授軍機大臣。

榮慶 九月甲寅，改官制，命專管部務，罷直。

鐵良 四月，兼督辦稅務大臣。九月甲寅，改官制，授陸軍部尚書，罷直。

徐世昌 九月甲寅，改官制，授民政部尚書，罷直。

世續 九月甲寅，以東閣大學士爲軍機大臣。

林紹年 九月甲寅，以開缺廣西巡撫、候補侍郎在軍機大臣上學習行走。十一月，入直。

三十三年 丁未

慶親王奕劻 三月，命兼管陸軍部事務。

世續　六月，轉授文淵閣大學士。

瞿鴻禨　五月丁卯，免。

林紹年　二月，署郵傳部尚書。五月，補度支部左侍郎。七月癸巳，授河南巡撫。出。

鹿傳霖　五月己巳，復以吏部尚書爲軍機大臣，即罷管部務。六月，協辦大學士。

醇親王載灃　五月己巳，命在軍機大臣上學習行走。

張之洞　七月丙辰，以太子少保、體仁閣大學士爲軍機大臣。八月，兼管學部事。

袁世凱　七月丙辰，以太子少保、外務部尚書爲軍機大臣。

三十四年　戊申

慶親王奕劻　十一月，賜其爵世襲罔替。

醇親王載灃　正月，去「行走上學習」字。十月癸酉，封攝政王。

世續　十一月，加太子少保，賜用紫韁。

張之洞　十一月，晉太子太保，賜用紫韁。十二月，兼督辦鄂境川漢鐵路大臣。

鹿傳霖　二月，差赴山西勘事。三月，還。旋兼辦理禁煙大臣。十一月，加太子少保，賜用紫韁。

袁世凱　十一月，晉太子太保，賜用紫韁。十二月壬戌，免。

那桐　十二月壬戌，以太子少保、東閣大學士、外務部會辦大臣在軍機大臣上學習行走。

宣統元年　己酉

慶親王奕劻　正月，命總核籌辦海軍處事務。六月，辭兼管陸軍部事務。

世續　十一月，轉授文華殿大學士。

張之洞　八月丁酉，卒。

那桐　正月，去「行走上學習」字。二月，丁母憂。四月，仍命入直。十一月，轉授文淵閣大學士。

鹿傳霖　九月，授體仁閣大學士。十月，晉太子太保。十一月，轉授東閣大學士。

戴鴻慈　八月己亥，以法部尚書在軍機大臣上學習行走。十一月，協辦大學士。

二年　庚戌

慶親王奕劻

世續　七月甲寅，命專管內閣事務，罷直。

那桐

鹿傳霖　三月，病假。七月癸亥，卒。

戴鴻慈　正月戊午，卒。

吳郁生　正月癸亥，以內閣學士在軍機大臣上學習行走。二月，遷吏部左侍郎。旋開部缺，以侍郎入直如故。七月甲寅，罷直。

貝勒載朗　七月甲寅，以步軍統領爲軍機大臣。

徐世昌　七月甲寅，復以協辦大學士爲軍機大臣。八月，授體仁閣大學士。

三年辛亥　四月戊寅，廢軍機處。

慶親王奕劻　四月戊寅，改授內閣總理大臣。

貝勒載朗　四月戊寅，改授軍諮大臣。

那桐　四月戊寅，改授內閣協理大臣。

徐世昌　四月戊寅，改授內閣協理大臣。